重庆理工大学2019年度高等教育研究项目（2019YB01）—
协同创新"的金融类专业人才培养机制研究
重庆理工大学科研启动基金项目（2019ZD60）——经济下
件下中国商业银行全过程信贷风险管理体系的构建

RESEARCH ON CREDIT
PROCESS RISK
MANAGEMENT OF CHINESE
COMMERCIAL BANKS
in Increased Economic Downward Pressure

经济下行压力加大条件下
中国商业银行信贷过程风险管理研究

秦江波◎著

经济管理出版社
ECONOMY & MANAGEMENT PUBLISHING HOUSE

图书在版编目（CIP）数据

经济下行压力加大条件下中国商业银行信贷过程风险管理研究/秦江波著. —北京：经济管理出版社，2019. 11
ISBN 978 - 7 - 5096 - 6917 - 4

Ⅰ . ①经… Ⅱ. ①秦… Ⅲ. ①商业银行—信贷管理—风险管理—研究—中国 Ⅳ. ①F832. 4

中国版本图书馆 CIP 数据核字（2019）第 196584 号

组稿编辑：胡　茜
责任编辑：任爱清
责任印制：黄章平
责任校对：董杉珊

出版发行：经济管理出版社
　　　　　（北京市海淀区北蜂窝 8 号中雅大厦 A 座 11 层　100038）
网　　　址：www. E - mp. com. cn
电　　　话：（010）51915602
印　　　刷：三河市延风印装有限公司
经　　　销：新华书店
开　　　本：720mm×1000mm/16
印　　　张：12. 25
字　　　数：220 千字
版　　　次：2020 年 8 月第 1 版　　2020 年 8 月第 1 次印刷
书　　　号：ISBN 978 - 7 - 5096 - 6917 - 4
定　　　价：59. 00 元

前　言

　　2012 年底，中央经济工作会议要求要重视财政金融领域风险，坚决守住不发生系统性和区域性金融风险的底线。2017 年底，中央经济工作会议将防范、化解重大风险列为决胜全面建成小康社会的三大攻坚战之首，并做出以防范金融风险为重点、服务于供给侧结构性改革为主线的战略部署。2019 年，在经济下行压力加大条件下，中国商业银行面临的信贷风险不断增高。

　　从理论上来讲，目前国内外学者对信贷风险的定义尚未达成共识，对系统性信贷风险的度量也并未形成一个被广泛认可的模型，对信贷风险的研究仍然处于探索阶段。与此同时，由于部分国家发生过实质性的金融危机，所以关于度量信贷风险的研究方法也主要针对美国这类西方发达国家，而对于以我国为代表的一类新兴市场国家，现有的文献较少涉及且没有形成较完整的体系，所以对于我国信贷风险的全面研究有助于丰富与完善信贷风险的理论研究体系。

　　从实践的角度来看，随着中国金融体制改革、全球金融风险的不断渗透，中国面临的信贷风险也越来越复杂。因此，积极展开信贷风险的研究有助于"守住不发生系统性金融风险的底线"，更好地促进中国金融体系的发展、维护金融安全。

　　虽然我国并没有爆发过实质性的金融危机，但在现阶段其信贷风险仍在不断积累，项目从理论与事实出发，对在中美贸易摩擦加大、经济下行压力下我国信贷风险的形成与积累进行分析，构建 Logit 回归模型、Elman 神经网络评估模型以及信贷风险动态预警模型，对其进行度量并有效识别我国的系统性重要银行机构，进而探讨影响我国银行机构对信贷金融风险的主要因素，有助于从源头上抑制信贷风险的积累与转化。

　　本书注重前沿性与适用性、理论性与实践性、全面性与简洁性的有机结合，并结合了大量关于中国商业银行实际情况的介绍，在更好地提示读者消化"是什么"的同时，较深入地思考"为什么"，以引导读者能够运用所学理论、知识和方法分析解决商业银行的相关问题，达到金融学专业培养目标的要求，为日后进一步学习及理论研究和实际工作奠定扎实的基础。另外尽可能地体现我国金融市场出现的新的交易方式、交易制度、交易品种以及金融事件。

首先，本书在对商业银行信贷过程风险管理的研究背景、相关理论及国内外研究现状系统分析的基础上，从现实角度分析了商业银行信贷风险管理的现状及存在的问题。从商业银行信贷过程风险的特征和表现着手，提出商业银行信贷过程风险管理的概念及目标、风险管理原则、风险管理思想与框架、风险管理内容及重点。

其次，运用计量方法和神经网络原理，构建贷款前的信贷过程风险管理识别和量化体系。在对信贷风险识别基础上，遵循全面、开放和实用的原则，结合定性和定量指标，构建 Logit 回归模型；根据 Elman 神经网络的专家思想、非线性以及泛化性，创建状态空间方程，确定相应的误差临界值和收敛速度，构建一个基于 Elman 神经网络的风险识别及评估模型，从而有效地进行信用分类评级，精确预测信贷风险。结合中国国情，完善贷前调查和审批制度。

再次，构建贷款后的信贷过程风险管理动态预警机制。从商业银行的角度，充分考虑财务和非财务因素，按照开放性原则、成本效益原则、系统性原则和预测性原则，构建信贷风险预警指标体系。应用 AHP 方法，通过构建指标层级结构和判断矩阵，确定各指标权重，同时结合贷款风险分类管理思想，构建信贷风险预警综合指数模型和风险预警系统。采用灰色理论，构建信贷风险动态预警模型。从贷后预警的制度层面，构建贷后检查制度、风险分类制度及风险预报制度。从风险补偿角度，构建不良资产管理体系。为了防范存量风险，从偿债能力角度，界定假设清算法的适用范围和清偿顺序，遵循各类资产和负债的评估原则及方法，按照清算步骤，对不良资产进行假设清算。在制度层面，构建涵盖管理、催收、绩效评价及成本控制在内的相当完善的不良资产保全体系。另外，对不良贷款增量风险控制也进行相应的研究。在动态监控过程中，从防范信用风险和操作风险等角度，提出商业银行完善银行 G2B 电子政务信息，分散和转移风险以及优化内部控制等有关策略。

最后，在上述理论研究的基础上，以某家国有商业银行为实例，运用商业银行信贷过程风险管理理论思想对其进行贷前风险量化、贷中风险预警及贷后不良信贷资产管理实证研究。本书针对商业银行信贷经营管理及其风险表现和特点，对我国商业银行的信贷过程风险管理理论思想与方法进行了系统研究，旨在为我国商业银行主动应对复杂多变的动态环境、改善信贷过程风险管理水平，为有效防范和化解信贷风险提供科学的理论指导和方法策略支持。

　　本书在编写过程中直接或间接地借鉴了国内外大量金融学者的研究成果，在此特做说明，一并表示由衷的感谢与深深的敬意。由于写作时间仓促，笔者水平所限，书中尚有疏漏和不妥之处，敬请同行、专家和广大读者不吝赐教、批评指正。另外，本书吸收了国内外前辈的优秀成果，是作者多年辛勤耕耘的结晶，得到了重庆市政协、重庆理工大学科学技术研究院及经济金融学院的大力支持。本书的出版同时也为重庆理工大学八十周年校庆献礼！

目　录

第一章　绪论

第一节　研究背景

2012 年底，中央经济工作会议要求重视财政金融领域风险，坚决守住不发生系统性和区域性金融风险的底线。2017 年底，中央经济工作会议将防范化解重大风险列为决胜全面建成小康社会的三大攻坚战之首，并做出以防范金融风险为重点，服务于供给侧结构性改革为主线的战略部署。2019 年，在经济下行压力加大条件下，中国商业银行面临的信贷风险不断加大。

从理论上来讲，目前国内外学者对信贷风险的定义尚未达成共识，对系统性信贷风险的度量也未形成一个被广泛认可的模型，对信贷风险的研究仍然处于探索阶段。与此同时，由于仅仅部分国家发生过实质性的金融危机，所以关于度量信贷风险的研究方法也主要针对美国等西方发达国家，而对于以我国为代表的一类新兴市场国家，现有的文献较少涉及且没有形成体系，所以对于我国信贷风险的全面研究有助于丰富与完善信贷风险的理论研究体系。

从实践的角度来看，随着中国金融体制改革、全球金融风险的不断渗透，中国面临的信贷风险也越来越复杂。因此，积极展开信贷风险的研究，有助于"守住不发生系统性金融风险的底线"，更好地促进中国金融体系的发展、维护金融安全。

虽然我国并没有爆发过实质性金融危机，但在现阶段其信贷风险仍在不断积累，项目从理论与事实出发，对在中美贸易摩擦加大、经济下行压力下我国信贷风险的形成与累积进行分析，构建 Logit 回归模型、Elman 神经网络评估模型以及信贷风险动态预警模型对其进行度量，有效识别我国的系统重要性银行机构，并且探讨影响我国银行机构对信贷金融风险的主要因素，有助于从源头上抑制信贷风险的累积与转化。

2008 年，全球金融业遭遇 20 世纪 30 年代以来最严峻的挑战。在不到一年的时间内，世界从一个经济快速增长和适度通胀的大稳健时期（Great Moderation）走向全面动荡，原有银行或破产或正被接管，政府不得不对可能引发更大的系统性风险的关键性银行机构进行大规模干预。随着金融危机程度不断加深、范围不断扩大，监管当局和部分商业银行机构风险管理方面存在的主要缺陷已经逐渐暴露出来。

然而在全球金融危机背景下，次贷危机对我国商业银行影响不大。2009 年 3 月 17 日银监会公布的数据表明，2008 年，我国中小商业银行核心监管指标达到历史最好水平。至 2008 年末，全部中小商业银行的资本充足率达标。其中，股份制商业银行资本充足率达到 10.5%，城市商业银行资本充足率达到 13%；贷款损失拨备覆盖率也大幅度改善，2008 年末，股份制商业银行的拨备覆盖率达到 169%，同时城市商业银行的拨备覆盖率也达到 114%。同时，中小商业银行的盈利水平也创历史新高。2008 年，中小商业银行实现净利润 252 亿元，比 2007 年增加 53%。中小商业银行的不良贷款率也降至 1.7%，为历史新低。其中，股份制商业银行的不良贷款率降到 1.35%，城市商业银行的不良贷款率降到 2.3%，成为历史最好水平。至 2009 年 4 月底，国内已有上市银行 14 家。若按市值计算，中国工商银行、中国银行和中国建设银行已进入全球前十大银行之列，交通银行也进入全球前二十大银行之列。另外，案件量和涉案金额也处于较低水平，2008 年股份制商业银行案发率比 2007 年下降约 69%，城市商业银行案发率比 2007 年下降约 65%。时任银保监会统信部副主任刘志清介绍，2018 年银行业信贷质量基本稳定，商业银行不良贷款余额 2 万亿元，不良贷款率 1.89%，较 2016 年、2017 年 1.74% 的商业银行不良贷款率上升 0.15 个百分点。

2018 年银行业规模持续增长，贷款占比稳步上升。据初步统计，2018 年 12 月末，银行业境内总资产 261.4 万亿元，同比增长 6.4%。其中，各项贷款 140.6 万亿元，同比增长 12.6%，债券投资 45.2 万亿元，同比增长 14.1%。贷款和债券投资占总资产的比重分别较 2007 年末上升 3 个和 1.2 个百分点，2018 年 1~11 月，人民币贷款增量占社会融资规模增量的 83.4%，为实体经济提供较多资金。银行业境内总负债 239.9 万亿元，同比增长 6%。其中，各项存款 164.2 万亿元，同比增长 6.7%。

信贷质量基本稳定，核销力度加大。商业银行不良贷款余额 2 万亿元，不良贷款率 1.89%；关注类贷款余额 3.4 万亿元，关注类贷款率 3.16%，较 2016 年高点下降了 1 个百分点；逾期 90 天以上贷款与不良贷款比例为 92.8%，较上年末下降 6.9 个百分点。2018 年，商业银行累计核销不良贷款 9880 亿元，较上年多核销 2590 亿元，从而腾出更多空间服务民营企业和小微企业。

拨备水平较高，风险抵御能力增强。商业银行贷款损失准备余额 3.7 万亿元，较 2007 年末增加 6762 亿元。拨备覆盖率和贷款拨备率分别为 185.5% 和 3.5%，较 2007 年末分别上升 5.1 个和 0.24 个百分点，在已经调整贷款损失准备监管要求的情况下，两项指标仍保持上升态势。

流动性总体稳健，同业负债继续收缩。商业银行人民币超额备付率 2.64%、存贷款比例 74.3%，均在合理区间，优质流动性资产占比明显高于国际平均水平。同业负债同比下降 9.1%，部分中小机构过度依赖短期批发性融资问题有所缓解。

2019 年 5 月 10 日，银保监会发布 2019 年第一季度银行业主要监管指标数据。

数据显示，截至 2019 年第一季度末，我国银行业金融机构本外币资产 276 万亿元，同比增长 7.7%。其中，大型商业银行本外币资产 112 万亿元，占比 40.8%，资产总额同比增长 7.8%；股份制商业银行本外币资产 48 万亿元，占比 17.4%，资产总额同比增长 6.4%。

银行业金融机构本外币负债 253 万亿元，同比增长 7.4%。其中，大型商业银行本外币负债 104 万亿元，占比 40.9%，负债总额同比增长 7.4%；股份制商业银行本外币负债 45 万亿元，占比 17.6%，负债总额同比增长 5.9%。

在业绩方面，2019 年第一季度，商业银行累计实现净利润 5715 亿元，同比增长 6.09%。商业银行平均资产利润率为 1.02%，较 2018 年末上升 0.14 个百分点；平均资本利润率 13.24%，较 2018 年末上升 1.5 个百分点。

在金融服务方面，2019 年第一季度末，银行业金融机构用于小微企业的贷款（包括小微型企业贷款、个体工商户贷款和小微企业主贷款）余额 34.8 万亿元，其中单户授信总额 1000 万元及以下的普惠型小微企业贷款余额 9.97 万亿元，同比增长 24.7%。保障性安居工程贷款同比增长为 24.6%，比各项贷款平均增速高出 11.9 个百分点。

此外，信贷资产质量保持平稳。2019 年第一季度末，商业银行不良贷款余额 2.16 万亿元，较 2018 年末增加 957 亿元；不良贷款率 1.8%，与 2018 年末持平。商业银行（不含外国银行分行）核心一级资本充足率为10.95%，较2018年末下降0.05个百分；一级资本充足率为11.52%，较2018年末下降0.04个百分点；资本充足率为14.18%，与2018年末持平。

民营、小微企业金融服务取得成效。主要表现在以下四个方面：

第一，信贷增量扩面。在民营企业方面，2019年以来，我们建立了一个民营企业的统计数据体系。5月末，对民营企业的银行贷款余额是40万亿元，较年初增长了5.8%，前五个月新发放的民营企业贷款占新发放的公司类贷款51.48%，这是我们2019年新建的一个统计数据体系。普惠型小微企业贷款方面余额是10.25万亿元，较年初增长了9.55%，比各项贷款增速高了3.61个百分点；另外，从户数的情况来看，有贷款余额户数是1928万户，较年初增加了205万户。

第二，降低融资成本。民营企业贷款方面，前5个月民营企业的平均贷款利率是5.98%，较2018年全年平均贷款利率下降0.92个百分点。普惠型小微企业贷款方面，平均利率6.89%，较2018年全年平均水平下降0.5个百分点，其中五家大型银行的平均利率是4.79%，下降了0.65个百分点。我们还对银行发放信用贷款、减费让利做了一个统计，如果把信用放款和减费让利这两块加起来，银行通过承担或减免信贷相关费用，降低了小微企业其他融资成本0.54个百分点，这三部分加在一起，才是小微企业实际贷款利率的下降。

第三，完善"敢贷愿贷"机制。2019年上半年，我们的工作重点就是指导各类银行业金融机构，不管是全国性的国有银行、股份制银行，还是地方银行，把敢贷、愿贷的机制建立健全起来。另外，2019年上半年我们在布置现场检查当中，有一个检查的重点就是机制建设情况。

第四，提升"能贷会贷"能力。这个大家都很熟悉。推广一些大中型银行，还有互联网银行做"小微快贷"等成功经验。例如，建设银行的"小微快贷"，现在已累计为78万户提供超过1万亿元的贷款支持，它的"小微快贷"基本都是线上的。另外，最近一段时间，银保监会在浙江台州召开了一个经验现场交流会，推广台州银行业立足于当地服务小微企业的经验。在台州有三家城商行，规模都不大，但是做得非常好。近年来，台州银行业服务小微企业约25万家，这三家银行户均贷款只有27.7万元，非常低，100万元以下的贷款户数占96.4%，专注做小微贷款。同时不良率控制得也很好，只有1.38%。

但是2018年，全球经济延续复苏，但政策不确定性加剧、金融市场波动显著、贸易摩擦升级、地缘政治冲突增加，危机回潮的风险与潜在增长率下滑正在塑造新的全球经济生态。根据 IMF 的最新预测，2018～2019 年的全球增长率预计为 3.7%，比 2018 年 4 月的预测低 0.2 个百分点，2019 年经济下行压力加大。

随着金融全球化和电子化进程的加快以及国际金融市场一体化和自由化的稳步推进，世界各国对金融监管日益放松。而且，我国金融体系仍以银行为主导，当信贷业务作为商业银行关键业务成为银行收入主要来源的同时，信贷风险也成为其面临的主要风险，而企业信贷风险又是我国商业银行主要的信贷风险。这一切对已经全面对外开放的我国商业银行的风险管理技术和水平以及风险管理体制等都提出了严峻的挑战，中国商业银行必须持续不断地提高企业信贷风险管理技术和水平。

一、信贷风险管理是商业银行信贷管理的核心

银行体系作为市场经济的重要组成部分（金融是经济的核心，银行是金融体系的主体），其实质就是经营风险，并通过服务获得收益。但与别的金融机构所运用的标准化金融工具将风险分散或转移不同，银行侧重于运用非标准化工具——贷款及贷款承诺等，将风险内部化并获得收益。所以，信贷风险管理当之无愧成为银行全部业务和管理中一项最核心和最基本的活动。实际上，商业银行的信贷风险管理史，就是商业银行的发展史。

自 20 世纪 80 年代以来，国际银行业突飞猛进地发展，并取得了长足进步。同时金融环境迅速剧烈变化，银行面临的风险也在不断增加，相继发生了震撼全球的墨西哥金融危机、东南亚金融危机、俄罗斯金融危机、巴西金融危机和阿根廷金融危机、美国次贷风波（2007 年）及由此导致的 2008 年 9 月 14 日雷曼兄弟银行破产的华尔街金融风暴（2008 年）（全球股指暴跌 3% 以上），2012 年底，中央经济工作会议要求重视财政金融领域风险，坚决守住不发生系统性和区域性金融风险的底线。2017 年底，中央经济工作会议将防范化解重大风险列为决胜全面建成小康社会的三大攻坚战之首，并做出以防范金融风险为重点，服务于供给侧结构性改革为主线的战略部署。2019 年，在经济下行压力加大条件下，中国商业银行面临的信贷风险不断加大。

从理论上来看，目前国内外学者对信贷风险的定义尚未达成共识，对系统性信贷风险的度量也并未形成一个被广泛认可的模型，对信贷风险的研究仍然处于探索阶段。与此同时，由于仅仅部分国家发生过实质性的金融危机，所以关于度量信贷风险的研究方法也主要针对美国这类西方发达国家，而对于以我国为代表的一类新兴市场国家，现有的文献较少涉及且没有形成体系，所以对于我国信贷

风险的全面研究有助于丰富与完善信贷风险的理论研究体系。

从实践的角度来看，随着中国金融体制改革、全球金融风险的不断渗透，中国所面临的信贷风险也越来越复杂。因此，积极展开信贷风险的研究，有助于"守住不发生系统性金融风险的底线"，更好地促进中国金融体系的发展、维护金融安全。

虽然我国并没有爆发过实质性金融危机，但在现阶段其信贷风险仍在不断积累，项目从理论与事实出发，对在中美贸易摩擦加大、经济下行压力下我国信贷风险的形成与累积进行分析，构建 Logit 回归模型、Elman 神经网络评估模型以及信贷风险动态预警模型对其进行度量，有效识别我国的系统重要性银行机构，并且探讨影响我国银行机构对信贷金融风险的主要因素，有助于从源头上抑制信贷风险的累积与转化。

因此风险管理成为全球理论界和实务界普遍关注的主要问题，也逐渐成为现代商业银行管理的核心。随着我国银行业的全面开放，经营风险不断扩大，国际竞争日趋激烈，因此，强化信贷风险管理显得十分迫切。

二、信贷风险管理理论是国内研究的薄弱环节

当前，信贷风险管理已引起了理论界的高度重视，各种信贷风险管理文献不断涌现。但是这些研究大多从宏观上分析我国银行信贷风险的形成机理，而针对微观层次上的信贷风险管理研究却显得不足。

三、我国银行信贷风险管理水平与国外差距悬殊

国际银行信贷风险管理在理论及操作上，都领先于我国银行业。2009 年 1 月颁布的《巴塞尔新资本协议完善建议》揭示了目前世界银行业风险管理的最新思想及技术。其计量的风险几乎包括了各国银行面临的所有主要风险，并通过系列化的风险计量模型和方法，使所有风险都与资本联系起来，尤其完善了标准法以及内部评级法对信贷风险的计量。所有致力于国际化发展的大型银行都不能摆脱《巴塞尔新资本协议》制约，国际上优秀的大型银行包括贝尔斯登、雷曼兄弟等都严格按《巴塞尔新资本协议》要求构建了全面的风险管理框架体系。

尤其是以存贷款业务为主导的西班牙前两大银行和加拿大前四大银行等一些优秀商业银行，在 2008 年金融危机中几乎没有损失，股票价格走势也优于国际同业。这都归功于其内部评级体系的改进，表明新资本协议核心的制度创新——

内部评级法用于计量传统信用风险仍然具有合理性。

四、我国商业银行的信贷风险管理问题严重

国有商业银行和国有企业都存在产权约束软化、产权界定不明和产权边界不清等问题，进而产生了经营权与所有权不分和监督机制软化的商业银行管理，即"所有者缺失"与"代理人控制"，这种不完善的法人治理结构致使银行管理机制落后，很难形成完善的全面风险管理及内部控制制度，而行政干预、企业逃废债及金融市场发展滞后等外部因素又致使银行的信贷风险不断增加。另外，信贷业务是我国商业银行的主要业务，其贷款比例过高（80%以上的银行资产用于信贷，且多为信用贷款，而贷款对象又主要集中于国有企业），这导致了信贷资金经营隐藏着大量风险。此外，我国商业银行仍然采用五级分类法对信用进行评级，与当前国际银行业使用的十级分类法仍有很大差距，且贷款决策、资本匹配等方面还没有采用内部评级。再者，我国商业银行多数以定性分析为主，定量分析很少，且主要以经验作判断，随意性较大，还没有操作性较强的预警体系和风险量化模型。所以，为了提高银行效益，我国商业银行必须完善法人治理结构，改善信贷风险量化水平，充实信贷风险预警体系。

五、不良资产数额巨大

2008 年从我国信贷业务结构特点来看，四大国有商业银行抢占了 60% 的信贷市场。其不良贷款余额达 4208 亿元；不良贷款率达 2.81%，但外资银行仅为 0.83%。截至 2018 年末，商业银行不良贷款余额 2 万亿元，不良贷款率 1.89%；关注类贷款余额 3.4 万亿元，关注类贷款率 3.16%，较 2016 年高点下降了 1 个百分点；逾期 90 天以上贷款与不良贷款比例为 92.8%，较 2017 年末下降 6.9 个百分点。

1. 不良资产的界定

不良资产是指那些通过重组可能降低损失，甚至给企业的投资者带来收益，但不能使企业达到预期效益的所有资源。商业银行的资产涵盖对中央银行、企业与居民以及非银行金融机构的债权、国外资产和储备资产。债权指对中央银行、企业与居民以及非银行金融机构的债权，而贷款仅指贷款类债权。可见不良贷款小于不良债权，不良债权小于不良资产。由于我国商业银行资产集中于贷款这种资产。故不良资产大部分为不良贷款，两者大体上等价。本书述及的不良资产都是不良贷款。

2. 国有商业银行不良贷款现状

不良贷款现状包括以下四个部分。

（1）主要商业银行不良贷款分布特点。中国银保监会表示，2018 年中国商业银行的不良贷款率为 1.89%，为 10 年新高。

银保监会统信部副主任刘志清称，截至 2018 年 12 月底，商业银行不良贷款总额为 2 万亿元（2965.2 亿美元），与 2018 年第三季度持平。他表示："总体而言，风险仍在控制之中。"

刘志清指出，银行业规模持续增长，贷款占比稳步上升。据初步统计，截至 2018 年 12 月末，银行业境内总资产 261.4 万亿元，同比增长 6.4%。银行业境内总负债 239.9 万亿元，同比增长 6%。

（2）信贷质量基本稳定，核销力度加大。截至 2017 年末，商业银行不良贷款余额 2 万亿元，不良贷款率 1.89%；关注类贷款余额 3.4 万亿元，关注类贷款率 3.16%，较 2016 年高点下降了 1 个百分点；逾期 90 天以上贷款与不良贷款比例为 92.8%，较 2017 年末下降 6.9 个百分点。2018 年，商业银行累计核销不良贷款 9880 亿元，较 2017 年多核销 2590 亿元，从而腾出更多空间服务民营企业和小微企业。

（3）拨备水平较高，风险抵御能力增强。商业银行贷款损失准备余额 3.7 万亿元，较 2017 年末增加 6762 亿元。拨备覆盖率和贷款拨备率分别为 185.5% 和 3.5%，较 2017 年末分别上升 5.1 个和 0.24 个百分点，在已经调整贷款损失准备监管要求的情况下，两项指标仍保持上升态势。

（4）流动性总体稳健，同业负债继续收缩。商业银行人民币超额备付率 2.64%、存贷款比例 74.3%，均在合理区间，优质流动性资产占比明显高于国际平均水平。同业负债同比下降 9.1%，部分中小机构过度依赖短期批发性融资问题有所缓解。

对于商业银行不良压力的上升，业内普遍认为，这与监管对不良贷款认定统计口径的调整、信用环境趋紧企业流动性加剧导致信用风险上升密切相关。

在上海浦东陆家嘴举办的 2018 年中国特殊资产行业高峰论坛上，有资管人士透露，受近年来的严监管影响，银行大量不良资产将曝出，不良出清压力非常大。

但值得注意的是，大量的不良资产，对银行来说是拖累和包袱在那些以买卖银行不良资产为生意的投资者眼里，中国这几年不断高筑的不良资产却是一片广阔的"蓝海"。

据了解，从2017年起，国内主要的资产管理公司就开启"剁手"模式，大规模买进不良资产。而这一"疯狂"的热潮一直持续到今年上半年，到达顶峰后才稍稍褪去。当"非理性"的热潮渐退，不良资产的投资变得更加精细化、专业化，多位资管人士认为，不良资产投资时机已经来临。

"在供给端，受严监管影响，大量不良资产将爆出，银行不良出清压力非常大。而在需求端，虽然现在国内增加了五十多个牌照，大量的民营资本、私募资本、股权资本进入了不良资产的行业。与此同时，国内四大'主力军'受到了严厉的监管，四大资产公司四大购买的主力也不会再轻易地去购买大规模、非理性地拿资产包。"不良资产行业联盟总顾问刘律分析称，不良资产（特殊资产）的需求端、供给端发生了交易力量的逆转，也预示从2018年下半年开始，甚至到2019年，资产包的价格有机会大幅下降。

2008年主要商业银行（国有商业银行与股份制商业银行）不良贷款余额为4944.9亿元，比2008年初下降了7065.0亿元，不良贷款率为2.49%，比年初下降了4.24%。其中，国有商业银行不良贷款余额为4208.2亿元，比年初减少了6941.3亿元，不良贷款率为2.81%，比年初下降了5.24%；股份制商业银行不良贷款余额为736.6亿元，比年初减少了123.7亿元，不良贷款率为1.51%，比年初下降了0.64%。城市商业银行不良贷款余额为484.5亿元，比年初减少了27亿元，不良贷款率为2.33%，比年初下降0.71%。但农村商业银行不良贷款余额为191.5亿元，比年初增加了60.8亿元，不良贷款率为3.94%，比年初下降了0.03%。相比之下，外资银行不良贷款余额为61.0亿元，比年初增加了28.8亿元，不良贷款率仅为0.83%，比年初上升了0.37%。2004～2008年，商业银行不良贷款余额以及比率持续减少，而基数仍然很大，如图1-1、表1-1所示。

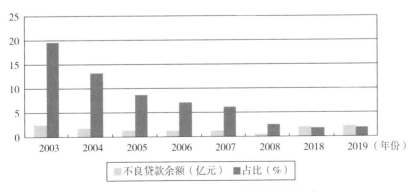

图1-1 中国商业银行不良贷款余额及比率

表 1 - 1   中国商业银行不良贷款余额及比率

类别 \ 年份	2003	2004	2005	2006	2007	2008	2018	2019
不良贷款余额(亿元)	2.54	1.72	1.31	1.25	1.28	0.57	2.00	2.16
占比（%）	19.60	13.21	8.61	7.09	6.17	2.45	1.80	1.89

综上所述，信贷风险管理是商业银行信贷管理的核心，信贷风险管理理论的微观研究还比较薄弱，我国银行信贷风险管理水平有待提高，风险管理问题严重。为了与新巴塞尔协议关于加快银行在压力条件下的风险缓释方案开发精神相一致，根据信贷风险贯穿于贷款前中后三个阶段以及企业是银行放贷的主要对象这一现实，本书站在商业银行角度，以企业为放贷对象，提出了商业银行信贷过程风险管理思想。

第二节   研究的目的和意义

一、研究目的

各国政府与国际金融机构始终把信贷风险管理置于银行风险管理的中枢地位，并持续不断地从技术和制度等方面提高信贷风险管理水平。1997 年东南亚金融危机、2007 年美国次贷风波及由此而带来的 2008 年 9 月 5 日华尔街金融风暴（黑色星期一）给包括中国在内的世界许多国家带来了巨大的负面影响，这显示了我国银行业在全面对外开放之后，面对更加复杂的国际国内环境，且当前我国银行业的风险管理技术和水平特别是针对企业的信贷风险管理技术和水平与国际银行业相比还有相当大的距离，且中国经济正处在高通胀期，南方雪灾、汶川地震也接踵而至，而金融又是经济的核心，所以为了稳定经济，保证在国际市场竞争中立于不败之地，改善我国商业银行信贷风险管理技术和水平是首要前提。根据以上分析，本书将参考国际同业在信贷风险管理技术及内部控制等方面的科研成果，探求我国商业银行信贷风险滋生的根源，使用现代金融理论构建适合我国国情的信贷风险监测模型并定量分析信贷风险，构建信贷风险预警机制动态监测信贷风险，同时对不良信贷资产的定价及处置进行研究，以期为我国银行业提高防范和处置信贷风险的能力，并提出系统的银行信贷过程风险管理的策略框架，为我国商业银行信贷风险管理提供理论借鉴。

二、研究意义

目前，在经济下行压力加大条件下，我国商业银行信贷风险管理水平和中国经济发展水平很不相称，与国际同业相比还有相当大的差距。加强信贷风险管理研究，具有重大理论意义和重要现实意义。

1. 理论意义

针对商业银行信贷风险管理需要，本书在吸收与借鉴相关理论和方法的研究成果基础上，运用信贷过程风险管理的思想，从全过程风险战略管理的高度，沿着贷前风险识别和监测、贷后风险预警与不良资产风险管理主线，构建符合我国商业银行实际的信贷过程风险管理理论和方法，从而为我国商业银行信贷过程的风险管理提供一套操作性强的、科学的风险管理理论和方法体系。

2. 现实意义

由于商业银行属于风险管理类企业，因此，适时开展风险管理活动和健全风险管理体系是商业银行生存和发展的基本前提。本书在研究现状基础上，提出了信贷风险过程管理概念及框架，然后分别从加强信贷风险识别和量化分析、信贷风险的动态预警以及不良贷款风险管理角度，对贷款过程前、中、后三个阶段进行了风险管理研究。提出了信贷过程风险管理的理念和思想，构建了贷前信贷风险监测模型，确立了贷后信贷风险预警体系，明确了不良资产管理方法。以便在经济下行压力加大条件下，为我国商业银行提供先进的信贷风险管理手段和方法，同时也有助于提高企业运行质量。

第三节 相关理论

一、资产管理理论

20 世纪 60 年代以前，西方商业银行信贷管理侧重于资产管理。

1. 准备金理论

准备金理论指为了缓冲流动性风险，银行要保持足够的现金资产或者准现金资产（如短期有价证券），这是商业银行保证资金流动性古典方法。如果银行现金资产水平太高，在风险弱化的同时信贷资产收益也将会受到损害。

2. 商业贷款理论

商业贷款理论也称真实票据论，是在 18 世纪英国银行管理实践基础上发展起来的。英国古典经济学家亚当·斯密在 1776 年《国富论》中就有了论述。商业贷款理论从存款是商业银行主要资金来源这一现实出发，认为银行为了保障随时偿付预料不到的提存需要，其资产必须具有较大的流动性，因此，银行只宜发放短期的商业性贷款，即对商品交换或商品生产及与之相关的物资储备发放贷款。因为短期的商业贷款具有自动清偿性质——贷款随商品购销而增减，随商品周转、产销过程的完成而从所售收入中得到偿付。所以这种贷款称为自偿性贷款。该理论还强调短期贷款必须以真实买卖为基础，使用真实的票据作为抵押，或以企业生产流通中的商品作为保证，确保银行资金的安全性。商业贷款理论提出，为银行维持资金流动性及安全性提供了依据，对银行的管理及中央银行的货币政策产生了相当大的影响。

根据这一理论，银行贷款以真实商业活动为前提，因为贷款有了存货，从而有了保障，使银行可以用到期的贷款满足客户存款提取需求，这不但使流动性有了保证，而且有利于盈利的实现。这一理论还揭示了这样一条原理——银行资产分配的期限应该根据资金来源的流转速率决定，资产和负债必须保持对称的期限。从宏观上来看，这种以真正的商业活动为前提的自偿性贷款会随工商贸易额的变动而变动，贷款形成的货币供给和经济周期相适应。因此，商业贷款理论被认为，对银行的平稳经营和信贷行为与整个经济的需求相适应并发挥了积极作用。该理论形成于资本主义欠发达阶段，当时银行资金来源主要是活期存款，来源单一，而企业所需资金大多数来源于自有资金，只有季节性和临时性资金短缺才需要向银行贷款。同时，在政府不干预经济的自由竞争情形下，任何机构都不能从外部给银行提供流动性。因此，商业贷款理论占据着指导商业银行管理和经营的地位。

3. 资产转移理论

资产转移理论亦称可转换性理论或可售性理论，是由美国人莫尔顿于 1918 年在《政治经济学杂志》上发表的《商业银行业务与资本形成》一文中提出来的。该理论认为，银行能否保留其资产的流动性，是由银行所拥有的资产的可转让程度决定的，只要银行资产能够方便在市场上随时变现，银行流动性供给就有保证。根据这一理论，银行可以把其可用资金的一部分投放于二级市场的贷款和证券，包括商业票据、银行承兑汇票、国库券等。当流动性需求增大时，银行就能够在这些贷款和证券到期之前随时将这些资产出售变现以满足流动性需要。转移理论的提出及其实际应用，增加了银行新的流动性来源。他强调了资产的转移性作用，即通过资产的及时变现来保证资产的流动性，为保持资产流动性找到了新的方法。银行把资金的一部分投资于二级市场的证券，既扩大了银行资产业务范围，又建立了保持流动性的二级准备，从而弥补了银行发放长期贷款流动性的不足。转移理论形成于短期证券市场进一步发展时期，特别是迎合了 20 世纪 30 年代以后美国政府为了弥补财政赤字而大量发行债券、私人借款需求下降及商业银行持有的政府有价证券大幅度增加的情形。

显然，转移理论的实际运用需要具备一定的前提条件，这就是要有一个稳定发展的经济大环境和较为发达的证券市场，包括较为充裕的、信誉较高的短期证券，交易很活跃、价格很稳定的证券市场。假如二级证券市场需求不旺，证券的出售变现就会很困难，资产转换就很难实现。如果经济萧条，市场中就会出现证券抛售并致使价格暴跌，银行资产流动性将难以保持并可能遭受资本损失。在整个银行角度上，如果全部银行都因为资金的需求而出卖资产，有可能没有适当的买主。除非中央银行进行干预或通过适时购买证券及再贴现的方法予以解决；否则，整个银行体系的流动性就会受到影响。这表明该理论尚有一定的局限性。

4. 预期收入理论

该理论是 1949 年由美国学者普鲁克诺（Prochow）在《定期放款与银行流动性理论》一书中提出来的，其认为，贷款的偿还是以借款人的预期收益为依据的。如果贷款的偿还是以借款人的预期收益为基础，那么银行就可以保持其流动性。它产生于第二次世界大战后，西方经济高速发展对贷款需求多样化的经济背景，同时也与银行资产组合管理实践经验的积累有关。由于借款人的现金流决定其偿还能力，而其现金流又是随其收入改变而变化的，所以，贷款偿还与银行流动性还应与借款人预期收入结合起来。如果借款人预期收入保障程度高，即便采用分期付款方式也能确保长期贷款与消费者贷款保持较高的安全性与流动性。该理论强调，用借款人的总现金流来确保贷款的偿还，而不是仅根据其对贷款使用所进行的某一笔交易的收入来确保贷款的偿还，同时也不注重借款人提供贷款的抵押品。该理论详细描述了银行确保资产流动性的前提条件，深入分析了贷款的清偿来源。它侧重于从信贷资产健全性角度确保信贷资产的流动性与安全性，与传统的仅从资产转让或贷款期限等角度掌握信贷资产的安全性与流动性相比，有相当大的改进。根据该理论，银行仅凭借款人未来预期收入确定信贷资产到期日，或完善信贷资产期限结构，或运用分期偿还贷款形式，就完全能保证银行资产的流动性。该理论的推广，使贷款方式多元化，例如，消费贷款与长期贷款（分期偿还），这为银行信贷资产业务领域的扩大奠定了坚实的理论基础。

该理论也存在一些不足。由于预期收入不一定可靠，特别是在信贷资产期限很长的情形下，确定性因素减少，如果当预期收入减少、债务人的信用状况或经济环境不断恶化时，借款人的信贷资产偿还能力肯定会受到较大负面影响，进而很难确保其流动性要求。

5. 超货币供给理论

随着货币种类的复杂化和商业银行信贷竞争的加剧，商业银行再也不能仅提供货币了。所以在 20 世纪 60 年代以后，产生了超额货币供给理论。这种理论指出：商业银行信贷提供的货币仅是其实现经营目标的方法之一，它不仅有很多可供选择的方法，而且也有许多同时到达的目标。

6. 资产结构理论

该理论以上述五种理论为基础，按照流动性高低论述了资产划分和资产结构（特别是负债结构）的制约因素，提出关于资产结构优化的思想。其认为：资产结构受负债结构、经济体制以及分配政策等因素限制；另外资产结构优化的客观标准要求在特定背景之下，实现资金"三性"（安全性、流动性和盈利性）的协调统一，然而要实现资产结构优化及防范风险的协调统一，就需要实现资产结构的多元化。

二、负债管理理论

负债管理理论也是着眼于保持银行流动性的理论。该理论认为：银行可以在资本及货币市场借入资金以满足其流动性。

1. 负债管理优势

（1）在流动性方面，它使银行改变了以前那种只依靠调整资产结构的单一方法，而是可以通过同时调整资产及负债结构来改善流动性。这也给流动性、盈利性和安全性的矛盾缓和提供了新的途径。

（2）该理论的实际运用，不仅缓解了银行资产流动性问题，而且也促进了多元化筹资和合理化的负债结构的发展，使银行由仅靠吸收存款的被动型负债，演变为积极向外借款的主动型负债来筹集资金。在这种理论指导下，银行吸收资金的一系列方法手段应运而生，例如，发行大额可转让存单（CDs）、证券回购协议、同业拆借、欧洲美元借款以及各种新型存款账户等。这既发展了金融产品，也扩展了金融服务，又提高了银行收益。

（3）负债管理理论还使银行可以根据资产需要来调整资产及负债结构，使负债与资产相协调，进而达到在单纯调整资产结构情形下无法达到的目标——既增加了流动性，增强了盈利性。例如，银行可以用借入的短期资金弥补出售流动性资产的不足以应付客户提存的需要。这种方法只涉及负债结构的变化——负债方的一增一减，资产规模保持不变，银行资产负债表在吸收短期存款、应付提存后又达到平衡。上述情况揭示了一个重要原理：在资产和负债两种流动性配合方面，假如银行能按市场利率购得资金，而且负债成本不高于资产的收益，那么可用负债流动性交换资产流动性，这是由于其不仅能保持流动性，而且也能增加银行收入。

2. 该理论的实际运用的不足之处

（1）借入资金一般高于存款利息，且其成本具有不确定性。由于银行业和整个金融界的竞争加剧，会提高银行吸收资金的成本，使银行盈利状况恶化，或银行为了保证其盈利目标，必须把资金更多地投放在高收益的投资及贷款上，这就难免增加了银行的风险水平。

（2）只有资金供应来源富有弹性，才能保证积极的负债管理在流动性方面获得成功。假如金融市场上资金需求大于供给，对外借款就不易获得。这在紧缩银根时比较明显。

（3）若过分依靠对外借款来扩大贷款规模，很容易引起短期借入、长期贷出的现象，进而产生负债和资产结构的不对称，不利于银行的健康运行。

三、资产负债综合管理理论

无论是资产管理理论还是负债管理理论，都只是偏重于一个方面以考虑银行的流动性，都缺乏将银行的资产和负债看作一个相互联系的整体，因此，很难实现安全性、流动性及盈利性的协调。资产管理理论偏重于流动性和安全性，有时银行会放弃更多盈利性的机会；负债管理理论鼓励银行不断进取，并缓和了流动性和盈利性的矛盾，但其过分依靠外部环境，进而增加了银行经营的风险。随着经济金融环境的变化和银行经营实践的演进，人们开始认识到，要实现安全性、盈利性和流动性的协调，不得不改变以前偏重于单一的负债管理或资产管理的行为，进而转变到资产负债综合兼顾、并重管理。这种思想逐渐变成一种新的银行经营管理理论——资产负债综合管理理论。该理论形成于 20 世纪 70 年代中后期，它是在适应西方国家金融市场激烈竞争、利率市场化和市场多变的大环境下形成的。

这种理论的基本思想主要有：强调银行对负债和资产进行兼顾管理，要求银行同时用负债及资产以保证流动性，从负债及资产两个方面来分析利率和期限等各种因素的影响，以利率对称和期限对称来不断调整其资产结构及负债结构，使资产负债在总量上平衡、结构上协调。该理论现已成为广为流行的、指导现代银行业经营实践的权威理论。

四、中间业务管理理论

20 世纪 80 年代，由于政府放松管制，银行间的竞争加剧，为摆脱困境，商业银行不得不寻求新的经营管理思想。在这样的背景下，产生了中间业务管理理论，又称资产负债表外业务理论。该理论主张，从传统的负债和资产业务以外的领域寻求新的经营领域，探求新的盈利来源。该理论认为，商业银行是提供金融产品和金融服务的机构，而且也从事信息服务的经营活动。凡与信息服务有关的所有领域，银行都可以介入。

五、风险资产管理理论

在 20 世纪 80 年代初期，因为信贷风险加剧，大量储蓄及借贷机构倒闭，商业银行开始重视对各种风险特别是信贷风险的控制，最终导致 1988 年 7 月《巴塞尔协议》（The Basle Accord）的诞生。此协议主要关注信贷风险的管理。其核心是对资本进行了定义，规范了对资本构成的认识，纳入了风险资产比率的概念，通过资产负债表的不同类型资产和表外业务给出了不同的风险权数，而且提出了最低资本充足率要求，这约束了银行的信用扩张，同时银行开始重视信贷资产质量。该协议的实施，促使银行风险管理模式转为风险资产的管理，这意味着银行风险管理理论和资产负债管理理论的统一。2009 年 1 月，在金融危机阴影下，《巴塞尔新资本协议》得到完善。

第四节　国内外研究现状分析与综述

一、国外研究现状

国外银行业风险管理和监管规则的变革始终是以信贷风险的量化为中心展开

的，理论界对信贷风险的管理也主要注重于对信贷风险量化的研究。

1. 内部评级法（IRB）研究

新协议的内部评级法（Internal Ratings-Based Approach，ZRB）使用了当前在风险领域广为使用的单因素模型（Gordy，2003），本模型使用十分方便，并且方便监管机构的监督管理，只是模型所使用的同质性（Homogeneous）、单因素及正态性假定在某种程度上限制了模型的可行性。巴塞尔委员会模型工作组于 2000 年初刊发了题为《十国集团国家商业银行内部评级体系现状的发展报告》的科研报告（Basel，2000），报告指出，许多国家的活跃于国际领域的银行机构都在着手运用内部评级法。

2. 现代风险管理定性研究

主要包括以下三个方面的内容：

（1）关于金融工具的研究。Lopez Jose A.（2007）指出，在过去 10 多年，大量转移信贷风险（CRT）的金融工具被开发出来，其中包括贷款打包出售以及信用工具交易等，这大大增强了信贷和准债券市场的流动性。Thomas、Tony（2007）认为，债务人欺诈是导致坏账的主要原因，而且信贷人员运用目前最先进的软件（信贷风险管理）可以甄别潜在的骗贷客户。Hu Jia、Zhong Nin（2007）指出，电子金融门户网站可以为金融企业及合作伙伴提供智能的信贷风险管理以及决策。Anbar Adem、Karabiyik Lale 等（2017）则认为，信贷风险是指因借款人违约进而造成损失的风险。Anbar Adem（2016）认为，信贷衍生市场的主体是银行，而信贷衍生工具可使银行缩减监管资本。

（2）关于信贷市场的研究。Stiroh Kevin J.（2007）主要研究了对冲基金给信贷市场带来的影响，指出对冲基金的信贷风险更难以驾驭。Anbar Adem、Karabiyik Lale（2006）的研究表明，信贷风险是信贷机构的主要风险之一，估计其信贷风险十分必要且迫在眉睫。Romenro Simon（2018）则认为，委内瑞拉中央银行正致力于平息高通货膨胀给银行带来了巨大痛苦，信贷风险很大，而只有商业银行国有化才能解决自身的信贷困境。Altman E. L.、Saunder S. A.（2018）对 2001 年土耳其的银行危机进行了研究，认为存款人及借款人会对大量信贷风险的银行产生负面反应，且银行的道德风险也会增加，即使其有银行存款保险。

（3）关于银行管理的研究。Altman E. I.、Halderman R.（2008）考察了各国伊斯兰银行关于银行稳定性和规模的相互关系，指出银行规模和稳定性之间呈反相关关系。Fitzpatrick、Dan（2008）则指出，有不良贷款的银行逐渐将其剥离到专设的独立实体中，例如，为了容纳特别不良贷款，美国第一银行已建立了附属机构。纽约时报（2008）评论了位于美国佛罗里达的第一优先银行 Bradenton 由于房地产价格下滑而导致了大量不良贷款，致使其在 2008 年 2 月的第一个周五被政府关闭。Bennhold Katrin 等（2018）指出，法国兴业银行杰罗姆·科维尔（前信贷交易员）钻管理漏洞而且掩盖其没有授权的交易，进而造成了约 50 亿欧元损失。Gross Daniel（2018）的研究指出，美国纽约哈德逊州的 Bancorp 商业银行在 2008 年次贷危机下收益大幅增加，其成功的原因在于回避了次级抵押贷款及证券，而且要求借款客户预付至少 20% 的定金。

3. 现代信用风险识别及管理模型研究

关于信用风险管理的专家模型形成于信用风险的早期研究，其主要有 SC 要素分析法及 LAPP 原则等；由于其主观性过强，所以关于信用风险识别的研究转变为人工神经网络模型（Neural Network，NN）以及多变量统计方法。

（1）关于违约风险模型的研究。Beaver（1966）首先认为，各种财务比率能用于监测金融风险，Altman 等（1977）创建了信用风险评级方法，其以严谨统计分析为基础、Ohlson James A.（1980）创建了 Logit 回归方法、Lundy M.（1993）对基于非参数法的聚类分析进行了深入研究、Altman（1989）和 Eisenbeis R. A.（1977）构建了主成分分析方法，这种方法得到普及。Altman（1994）认为，这些统计模型十分有用，但其前提条件要求太高。

1）Z 模型。理论研究使用的统计模型有许多。Altman（1965）首先使用了 Z 模型，将其应用在财务危机、违约风险评估及公司破产方面，后来 Altman 修正了此模型，用以给非上市公司评级；Altman、Halderman、Narayaman（1977）用 Zeta 模型对 Z 模型进行了改进，Lovie（1980）认为，由于对选择变量投入的精力很大，从而使 Zeta 模型具有稳健性和持续性。Eisenbeis（1977）给出了在 MDA 使用中的几个关键问题。

2）Logit 回归模型。Ohlson（1980）率先在银行信贷风险评估领域使用 Logit 模型。后来，此模型被用来甄别违约和非违约贷款申请客户的信用状况。Bunn D. W.（2007）在对 1975～1976 年倒闭的 23 家商业银行进行预测后，得出结论：Logit 方法和判别分析结果相似。Granger C. W. J.（2006）应用 Logit 模型研究了问题贷款的管理问题，并用大量借款者与银行信贷经营的各种变量分析问题贷款的最优解决办法。Clemen R. T.（2007）使用 Logit 模型研究抵押贷款，指出在解释抵押贷款的还款、过失及违约方面，抵押品折旧、抵押品和贷款价值之比、利率和失业率等变量有很好的解释能力。Granger C. 和 Ramanathan R.（2008）在 Logit 回归分析中使用泰勒级数预测企业违约及破产状况，认为现金比率、现金流量比率和股东权益比率是决定违约风险水平的重要变量。Kamstra M.、Kennedy P.（2008）使用 Logit 模型估算了过失贷款违约的概率，指出过失借款客户不一定违约，同时建议银行在确定问题贷款的严重程度时使用这种方法。Maria Bonilla 等（2007）通过实证研究得出，Logit 模型比其他方法在预测违约风险方面有更强的预测能力。

3）金融稳定理事会（Financial Stability Board，FSB）模型。Piramuthu、Selwyn（2008）指出，当信贷风险决策在高风险时显得很重要，许多机器学习模型能很好地量化风险，但是选择一组特征优良的样本却很困难，而 FSB 就是一个很好的特征选择模型，其开始时对输入的数据实施预处理，而后引出决策树。

4）神经网络模型。Yu Lean 等（2008）通过使用神经网络集成学习模型来计量信贷风险，该模型包含六个阶段，并用信贷数据对该模型的实用性进行了实证。Adeodato P. J.（2006）借助大量信贷数据对 Logit 模型和神经网络模型进行了比较分析，认为后者比前者更有实用价值。De Amorim B. P.（2007）指出，基于混沌系统的人工神经网络（ANN）（混合神经系统）和整合象征算法是传统的 ANN 模型的潜在替换模型，可是和 ANN 模型比，在大规模使用方面还没有接受实践检验。

5）非参数方法的研究。该方法主要包括 Lundy（1993）的聚类分析。Tam K.、Kiang（1992）在信用风险评估时使用的 K 近邻判别方法。Aaltman（1959）、Eisenbeis（1977）、Tam K. Y.，Kiang M.（1992）、Gentry（1957）对不同的多元统计模型预测能力进行了实证比较研究，用以检测不同统计模型的预测能力，并得出了不同结论。

6）NN 模型研究。Tam K. 和 Kiang（1992）率先在信用评估界引入 NN。NN 的扩展研究包括 Charles（1998）在信用风险分析模式中引入 NN；Frydman、Altman（1995）在信用风险分析中引入概率 NN，得出概率 NN 的正确率显著优于 LDA。

（2）关于风险识别模型的研究。Li Jiangping 等（2007）创建了一种新式的特征选择方法——"最小二乘支持功能机器"（LS - SFM），其比传统的 Support Vector Machine（SVM）以及 LS - SVM 先进。Alexander J.、Menei（2007）对阿基米德的 Copula 联结函数的风险极值问题进行了总结，指出了有名的尾巴依赖系数在连续分布风险监测中的重大作用。Saunders David 等（2007）在度量资产组合的信贷风险中使用了因子模型，该模型能够解决相当大的资产组合信贷风险的前提条件是给出各级资本的风险等级。Doumpos Michael（2007）研究了各种模型分类方法在有效量化信贷风险时的不同组合。Kalapodast Evangelos（2016）指出，目前金融机构尚待形成一种计量信贷风险的规范方法，因此，各类方法结合起来才能较好地估计模型风险。James、David（2017）指出，在信贷风险计量方面，运用穆迪信贷代理机构创建的模型——快速信贷风险评估模型能很好地计量风险。

（3）关于违约损失率的研究。国外不仅关注关于信用风险违约损失率（LGD）的学术研究，而且还关注关于信用风险违约评估的研究。Thornburn（2005）；Asanow、Edwards（1995）；Carey（1995）；Gupton、Gates、Garty（2005）指出，抵押品、优先级及监控程度的信用资产资质是影响违约损失率的主要因素。Asarnow、Edwards（1995）与 Thornburn（2000）、Eales、Bosworth（1998）及 Carty、Liebernan（1996）对影响 LGD 的债务人贷款规模进行了详尽研究；Gupton、Gates、Gatty（2000）及 Grossman（2006）对影响 RR 或 LGD 的行业因素进行了研究，但是得出的结论很不一致。Carey（1998）和 Frey（2005）对 LGD 与经济周期的相互关系进行了研究。Robert. C. Merton（1974）提出了著名的 Merton 模型，其对当代信用风险理论带来了巨大影响，该模型的提出标志着第一篇相机追索权（Claim）论文在信用风险违约分析领域的诞生。

Crouhy、Calai（2005）使 Merton 模型有更强的实用价值，因为其从信用资产 RR 和 PD 方面对其进行了改进。信贷风险管理也因此从早期的信用风险识别以及违约评估步入现代信贷风险模型化时期，包括 KMV（1993）创建的 EDF（Credit Monitor）、JP. Morgan（1997）创建的 Credit Metrics、CSFP（1997）创建的"Credit Risk +"以及 Mckinsey（1998）创建的 Credit Portfolio View 等模型。这些都是由一些国际著名的银行及金融机构提出和大量使用并且由巴塞尔委员会建议运用的现代模型。

（4）贷款组合研究现状分析。主要包括以下六个方面：

1）基于最大化组合收益的组合资产研究。Gjerde、Semmen（2008）创建了两期资产组合的风险决策模型，其适用于达到资本需求的银行机构。Li、Ng（2007）创建了跨时期的均值及方差组合模型，其以最大组合收益为目标。Tokat等（2008）在仿真条件下，确定了不同环境下的跨时期资产匹配比例。Puelz（2007）构建了跨时期资产以及负债的随机组合模型，该模型有效运行的前提是银行能够对将来负债提供充足的现金流。

2）兼顾风险及收益的组合资产研究。Norbert J.、Jobst 等（2018）创建了关于资产负债的跨时期模型。该模型结合信用风险阐述了有固定收益的资产的时间违约风险和随机性。Walk H、MacLean L. C. 等（2018）对资产及负债管理相关问题开展了详尽研究，并借助规划方法（多维随机）构建了许多模型。

（5）现代模型实证研究。迄今为止，从实证角度对各个信用风险模型进行系统比较分析的文章较少。Gordy（2008）、Crouhy 和 Calai（2005）在对各模型进行模拟的基础上指出，各种不同的模型对在同一时点的相同资产组合进行评估时得出的结果相近。但 Nickell（1998）研究指出，上述模型在对美国之外的债务人和对银行及金融机构进行评估时效果很差。Beatty、Nigel（2006）指出，英国的 Barclaycard 信用卡公司 10 亿英镑的信贷坏账损失使其利润增长大打折扣并指出 EMV 模型在量化和防范信贷风险方面发挥了重要作用。FRBSF Economic Letter（2016）集中对全球自回归向量模型（Global VAR，GVAR）的主要组成部分进行了详尽的研究；Kulk G. P. 、Verhoef C. 等（2018）提出了一种附属资产组合 IT 模型，该模型包含 16500 种功能，能对 84 种 IT 项目的附属资产进行风险识别。

（6）对不良资产管理的研究。西蒙森（Simenson）（1987）指出，商业银行总资本与其不良资产的比率过高是导致众多银行破产的一个共同原因。David Bemstein（1996）在实证分析基础上，得出银行运营成本增加可能源于不良资产的增加。

二、国内研究现状

20 世纪 80 年代后期，中国在银行信贷风险管理方面的研究诞生。关于金融风险的许多论文及著述在学术界以空前的速度不断涌现，学者各自从信贷风险管理的各个角度展开了比较详尽的探讨，不管在研究内容、范围还是方法上都日趋成熟。

1. 关于信贷风险管理的定性研究

主要涵盖以下两个方面内容：

（1）内部风险管理研究。江帆（2007）指出，银行应从构建风险转移机制、扩展融资渠道和改善信贷风险管理等几个方面防范房地产风险。唐玲（2008）通过信息不对称形成的"道德风险"以及"逆向选择"阐释了银行在个人住房信贷风险方面的形成原因。赵惠敏（2008）指出，商业银行的经营风险主要表现为信用风险、市场风险和操作风险。郑耀敏、刘芬等（2008）指出，在市场经济条件下，高度货币化致使金融风险增加，这就要求银行机构加强信贷风险管理。封振（2007）认为，西方较为先进的商业银行在信用风险管理方法体系在管理的深度及技术方面都比我国的要强得多。孙凌云、吴宝宏（2006）在信贷风险管理及优化方面给出了应对策略。封晴（2008）提出了完善银行信贷制度及做好个人信贷风险管理等具体措施，这源于我国经济体制不完善，住房抵押贷款等在抵押以及担保等方面尚存在诸多风险。

倪向荣（2008）我国商业银行经营风险增大，这不仅对中国经济的稳定不利，也为金融危机的滋生埋下了种子，因此，我国银行业偏高的信贷风险已成为金融领域的突出难题。何国勇（2008）认为，我国银行业在防控信贷风险方面还有很多问题，并有针对性地提出了应对这些信贷风险的策略。王群（2008）认为，商业银行要提高信贷资产质量，就必须强化信贷风险管理特别是风险分类管理，化解金融风险，这是与金融风险存在于银行业经营活动的始终相一致的。郭建鸾（2008）指出，在我国金融全面开放后，公司必须根据行业周期及行业政策，适时把握发展机遇和控制信贷风险，加强风险预警，增加盈利。

代绍华、何广文、邵一珊（2019）认为，操作风险是商业银行最古老的风险，国内外操作风险案例表明，重大的操作风险会给商业银行带来严重的资产损失和声誉风险，而内部控制对操作风险的管理起到了非常关键的作用。本书通过运用对应分析、多元性回归等定量分析的方式分析内部控制对操作风险的影响。结论是内部控制与操作风险呈负相关关系，内部控制有效与否对操作风险的产生具有很大的相关性，其对于强化操作风险的管理具有非常重要的作用。

（2）内外结合风险管理研究。魏勇（2007）认为，信用和法律环境等是形成不良贷款的深层次原因。曹宇（2008）认为，目前我国商业银行存在信贷资产质量差和信贷风险增大等问题，并有针对性地提出了若干建议。徐宁、廖列法（2008）从委托、代理和寻租人三方研究了信贷风险管理问题，并分析了各方的优化策略，这给建立完善的信贷制度提供了借鉴。这种思路有别于当前理论界主要从银行及企业两个方面探讨信贷风险。中国工商银行上海分行研究组（2004）分析了经济全球化给商业银行特别是国有商业银行风险管理带来的影响，提出了信贷风险管理的框架及原则，给出了正确的风险管理观念。

金融研修学院研究组（2005）指出，制度、文化和人是充实我国银行信贷风险管理体系的三个关键元素。赵宗俊等（2005）借助不对称信息理论，在对银行业信贷风险管理的形成机理分析之后，有针对性地提出了健全银行信贷风险管理的策略。张玲玲、胡志涛、马杰华（2008）认为，为了满足国际竞争的要求，我国应在金融不断自由化情形下加强信贷风险的外部环境以及法律建设，同时不断完善商业银行内控机制。

朱贺、张秀民（2018）认为，在金融危机爆发后，各国际监管组织和主要国家普遍加强了对系统性金融风险的研究和监管。近年来，我国银行业在规模体量、组织体系、架构布局、业务模式、跨国经营等方面发生了巨大变化，机构之间的关联性、渗透性、交互性增强，风险的系统性上升。本书在借鉴、吸纳既往研究成果的基础上，分析并提出了银行业系统性风险的内外二元生成机制，阐述了银行业系统性风险形成的内在机理；聚焦经济风险、信用风险、流动性风险、市场风险、关联风险五大风险源，深入分析可能诱发银行业系统性风险的主要因素及其传导机制；运用熵值法测度指标权重，进而构建银行业系统性风险评价指数。实证检验表明，BAI 指数和 BPI 指数具有较好的评价预警效果。最后，本书分析提出了防控银行业系统性风险的四项机制：健全宏观审慎管理体系；筑牢风险防控基础屏障；着力强化系统性风险监管；健全问题机构处置机制。

2. 关于信贷风险量化的研究

对国外模型的引进，评论及阐释成为当前我国理论界在信贷管理—风险量化方面的核心研究领域。

（1）关于信贷风险识别研究。庞素琳（2004）在探求最优近似解时，引入了利润曲线和风险曲线，在提出逼近算法时，引入了最速下降法，借以开展信贷风险决策。杨蕴石、王颖等（2008）创建了关于贷款组合信贷风险（Var）的蒙特卡罗简化法，该方法能很好地计算 Var 值。王颖哲、张强（2008）认为，由于医疗、养老及保险等制度的不断完善，消费信贷理念逐渐取代传统的积累方式，更多的消费者开始接受消费信贷服务。范南（2007）指出，Credit Metrics 方法对我国银行业传统的信贷风险管理是个有益的补充，其优点是可以在不同行业间进行量化比较。刘芳（2006）认为，综合评价法在权重设置方面很难做到客观公正，进而采用主成分分析方法评价银行的经营状况。王乃静、油永华（2006）在评价企业信贷风险过程中运用了主成分法以及 Fisher 判别法，其样本来自 100 家上市公司的部分财务数据。翟东升、曹运发（2006）在实证中得出 Fisher 判别模型量化上市公司的信用风险的准确率达到 90.38%。

孙威（2007）认为，人们很少对操作风险进行研究，而对市场风险、信用风险及流动性风险的研究相对成熟。熊霞（2007）站在信贷风险量化角度，不仅详尽阐述了当前正在使用的风险管理模型，而且对其进行了适用性论证。高山（2008）提出，银行需从实际出发，构建和自身、信贷客户、信贷业务及战略协调的信贷风险量化模型。周春喜（2003）使用定性和定量相结合的方法，并且借助多级模糊数学方法，全面评价了商业银行的绩效评级。

马文杰、徐晓萍（2018）依据较易获得的银行网点数据，利用异质性随机双边前沿模型，提出了定量识别农村信贷供给非效率的方法。在此基础上，根据"上海财经大学千村调查"的调研数据，按照某一地区受到供给型或需求型信贷抑制的可能性大小将样本进行分类，实证分析了信贷抑制类型对农村信贷扶持政策效果的影响。研究发现，抑制我国农村信贷的主要原因，是风险导致的需求型信贷抑制。信贷抑制类型会显著影响农村信贷扶持政策的效果：降低贷款利率、提高银行风险承担水平对提升需求型信贷抑制地区的信贷扶持效果非常有效；而要提高供给型信贷抑制地区的信贷扶持效果，应以增加银行网点密度、提高涉农贷款比重以提高信贷可获得性为主，降低贷款利率、提高银行风险承担水平难以达到的预期效果。本书的研究结论为合理制定农村信贷扶持政策提供了重要依据。

（2）关于违约风险研究。郝丽萍等（2001）为了给贷款决策提供科学依据，其对神经网络运用在信贷风险方面的适用性展开了分析，并且为信贷风险评估提出了一个行之有效的神经网络模型。顾乾屏等（2008）使用多元判别模型研究了不同行业和地区企业在财务预警方面判别准确率的差异。朱晓明、刘治国（2007）综合比较了大量信用评分模型、方法及相关文献，并进行了分类整理。周焯华、余潜（2008）运用非线性判别法（二重组合）对企业违约风险进行量化，同时归纳出已有信用风险量化模型的特点。葛超豪、葛学健（2005）概述了聚类和判别模型的数据及指标的初期处理，进而采用聚类及 Fisher 判别法对银行信贷风险进行评估。博强、李永涛（2005）为了证明存货周转率及利息保障倍数是不是决定上市公司信用的核心指标，其使用了公司年度财务报表数据构建了反映上市公司信用状况的 Logit 模型并得到证实。邹新月（2005）考察了典型的线性判别模型对我国金融市场的适用性，其对我国 184 家公司（已上市）的信用风险度量展开了实证研究并且证实了该模型的适用性。龙海明、邓太杏（2006）创建一个反映偿还能力的模型用以描述预期违约率（消费信贷）和消费者负债率间的关系，这源于消费信贷的风险暴露有一定的时滞性，进而导致不良贷款率（某一时点）不能较好地反映违约水平。

黄绍进、李珍梅、李善民（2018）认为，农户违约是农贷市场健康发展的掣肘和顽疾。通过博弈论视角能够有效地揭示农贷市场违约的微观机制，贷前信号博弈表明：农户的信息披露可以有效地规避贷前的逆向选择问题、促使分离均衡的实现，有利于农贷市场资源配置和借贷双方福利改进。贷后战略博弈表明：银行实行合理监督、改进贷款契约设定，可以规避贷款后的道德风险、提高农户守约概率。据此，提出降低农贷市场违约的政策建议。

（3）关于资产组合量化研究。资产组合量化研究包括以下三个方面：

1）关于最大化收益的资产组合分析。郭战琴、周宗放（2006）考虑到信贷收益与风险的非确定性，创建了参数规划模型，其涉及了区间数的成分。程迎杰、秦成林（2007）创建了多周期随机规划模型（用于资产负债管理），其必须符合资产负债管理比率约束条件。

彭岚（2018）认为，资本经营是围绕资本保值增值进行经营管理，其核心是获得最大的资本收益。资本经营的重要环节和组成部分是把资产经营，它要以资产经营为依托，不能离开资产经营而孤立存在。

2）关于最小组合风险的资产组合分析。杨智元（2007）借助其创建的动态模型（无风险资产组合），获得了在某一时间内使组合资产处于零风险的连续过程。潘雪阳（2006）论证了多期投资中各期的最优投资策略与单期的相似，其整体风险按一定概率被分配到各期。

3）兼顾风险和收益的组合资产分析。李仲飞等（2007）对线性规划模型和Markowitz 的均值——方差模型在连续区间的最优资产组合选择方面展开了比较分析。郭战琴等（2006）创造性地提出了基于 Var 的多目标决策方法（用于贷款组合），而且导入了几何方法。梁琪（2005）阐述了关于企业资产收益率替换法的详细路径，同时描述了关于违约损失的资产相关法。黄丰俊、刘江涛（2007）使用了两类模型（RAPM 和 Credit Risk +）对公司和银行的信贷及零售资产分别展开了实证研究，样本来源于银行的信贷数据。

（4）关于巴塞尔协议的相关研究。徐振东（2002）比较了新协议中的标准法与内部评价法在信用风险方面的资本要求。袁桂秋（2003）认为，通过调整基于 RAROC 的等级转移矩阵，构建关于信用风险的定价模型，这在当前我国银行业中推行是可行的。刘西、李健斌（2008）在分析新协议关于资产证券化监管的背景知识后，对证券化资产的风险计量方法进行了归纳。

陈忠阳以 2017 年巴塞尔协议Ⅲ发布为研究背景，对巴塞尔协议 30 年发展演变展开分析，指出 2017 年巴塞尔协议Ⅲ改革相比于巴塞尔协议Ⅱ的精致框架是现代资本监管的方向性调整。

（5）关于信贷五级分类的相关研究。万云端（2006）认为，信贷风险分类的真实性不仅能够揭示银行的资产质量，而且也有助于银行安全经营。蒋咏梅和徐力明等（2007）指出，贷款分类管理能够克服"一逾两呆"分类法在贷款评估中的滞后性，根据分类结果判断贷款质量，充分发挥其"预警"功能。

赵礼强、刘霜、易平涛（2018）指出，P2P 网络借贷随着互联网技术不断发展的同时，关于 P2P 网络借贷平台的信用评价问题也成了广大学者关注的热点问题。以 P2P 网络平台为研究对象，根据因子分析法和多元线性回归模型进一步识别出平台规模实力、平台活跃度、平台借贷实力、平台资金流动性四个关键因子，随后引入评价指标贡献率的概念，主要运用改进的序关系分析法确定指标权重，最终构建评级模型。实证结果发现，月借款人、月投资人、借款标数等指标对 P2P 网贷平台的评级具有重大的影响，且与平台评级结果呈正相关关系。因此，网贷平台应该更加重视平台运营情况和吸引用户参与，借此可降低信用风险，提升自身竞争力。

（6）关于信贷风险预警的相关研究。孙华（2008）研究指出，在 2008 年金融危机背景下，为防止信贷风险积累，必须对商业银行客户的信贷风险预警机制进行研究探索，从而动态跟踪客户信贷风险，提高风险管理水平。卞薇（2009）认为，通过商业银行必须运用先进的风险管理技术，依靠数理统计及风险量化分析，确保对风险持续动态的监测管理。

王君妍、宋坤、唐海春（2018）从宏微观层面建立政府主导模式下农地经营权抵押贷款风险预警指标体系，运用熵值法和层次分析法衡量各风险指标权重，采用 3σ 原则确立各风险指标预警区间，依据类高斯型隶属度函数的模糊综合评价法得到各指标风险值，并确定其风险预警级别。并基于四川省成都市温江区、崇州市的实地调研数据，对政府主导的成都模式的农地经营权抵押贷款风险预警进行实证分析。结果表明，首先是银行抵押物处置风险在成都市农地经营权抵押贷款风险中权重最大，其次是借款人的经营风险和信用风险；成都市农地经营权抵押贷款风险处于轻警级别，其中宏观方面经济发展水平及微观方面第三方组织，包括贷款担保、资产评估机构和地方政府的风险最高。据此提出政策建议，以期使农地经营权抵押贷款的现实红利得以充分释放。

（7）关于信贷过程风险管理的研究。王毅（2008）以信贷风险的全过程作为研究载体，对贷前调查、贷时审查以及贷后检查的全过程风险展开了详细研究。宋荣威（2007）对信贷风险进行了贷前风险识别和量化，贷后风险动态预警。

陈言（2018）基于 2399 家银行机构样本数据，从信贷供给方视角实证分析农户正规信贷配给变化影响因素及传导机制。研究发现，风险管理能力、区域信用环境等因素通过改变银行机构担保管理、审贷管理等行为，进而影响农户的贷款需求行为，导致数量配给、担保配给、风险配给、交易成本配给、社会资本配给等各类信贷配给现象强弱变化，最终表现为农户正规信贷配给的松紧变化。而政府干预因素可能主要通过改变银行机构担保管理行为的途径影响农户正规信贷配给的松紧变化。

（8）对不良资产管理的研究。郑纯毅（2006）分析了不良资产的内生性、外生性等特点。进而勾画出良好的成本分摊机制，从而解决不良资产外生性问题。邓勇（2007）认为如果城市商业银行在短期内不能化解不良资产并控制不良贷款增量风险，就很难提高其核心竞争力。

巴曙松、杨春波、陈金鑫（2018）自 1999 年四大资产管理公司成立以来，中国不良资产管理行业从无到有、从小到大，经历了政策性阶段、市场化转型和全面市场化发展的不同阶段。进入全面市场化阶段以来，各类资产管理公司不断涌现，处置手法也在不断丰富。当前中国经济正处于产能出清、利润修复、产业结构重塑的新旧动能转换期，无论是金融机构还是实体企业的不良压力都不小，而资产管理公司业务具有逆周期的特点，2016 年以来各地涌现大量地方不良资产管理公司，截至 2017 年末，地方资产管理公司已达 58 家，大量资产管理公司在内的多种投资者也在不断涌入。基于此背景，文章通过分析不良资产管理行业的发展历程以及面临的新挑战，对行业未来的发展方向进行了展望。

三、国内外研究评述

1. 关于国外银行信贷风险管理的评述

信贷风险量化一直是国外银行风险管理实践的中心环节，理论界也偏重于信贷风险度量的研究，而对信贷过程风险管理进行全过程研究的却很少。

在信贷风险管理理论不断完善基础上，银行业已形成比较健全的信贷风险评估模式。目前大量分析度量方法不断诞生，例如，结构化模型（基于期权定价理论）、简约化模型（直接估计违约概率与违约损失）等。与先前主要采取分类的方法如评级机构信用等级划分相比前进了一大步。

在风险管理方法上，主要使用定量分析方法，各种风险的量化有如下特征：

（1）银行不良资产形成原因及处置方式的研究十分不足，其研究只是课题的一个分支而已。

（2）把期权和资产定价理论以及资产组合理论等最前沿的研究成果引入信贷风险研究中来。

（3）信贷组合风险估计逐渐替代单一信贷风险，已有资料仅仅对多期信贷资产的组合优化配置进行了研究，而对其配置间的相互关系缺乏研究。

（4）估计信贷风险的核心模型是 Var 模型。

（5）模型研究逐渐取代指标评价。

（6）定量研究逐渐取代定性研究。

2. 关于我国银行信贷风险管理的评述

当前学术研究显示了我国在风险管理方面取得了一定成绩，但是自主创新少、引进多。其体现如下：

（1）信贷风险管理研究尚处于条块分割状态，且定性分析多，尚未形成完善的信贷过程风险管理的理论框架，更不用说构建信贷过程风险管理体系。

（2）反映现代银行制度的信贷风险分类管理体系建设尚显不足，很多学者仅从宏观经济体制上不分时间地探寻商业银行信贷风险成因。

（3）在银行信贷风险研究方面，学者们很少对市场风险以及内部控制进行研究，而是专注于信用风险研究。

（4）当分析信贷风险时，只关注财务报表，不关注非财务报表方面，此外，较少从技术上分析信贷风险管理；另外信贷风险量化研究少，且都借鉴国外财务报表和统计分析，没有充分考虑中国国情——自身会计制度及财务报表分析。

（5）在分析中，很少从定性和定量相结合的角度对如何构建国有商业银行信贷风险预警分类管理体系进行理论和实证分析，大多从定性角度展开研究。

（6）从 1994 年专业银行转制以来，人们开始对银行不良资产展开研究，但很少从定价方面对其进行研究，而将不良资产、贷前和贷后三个阶段的风险结合起来进行研究的就更显不足。

第五节　研究内容与技术路线

一、研究思路与内容

商业银行从信贷客户的识别到贷款收回的整个信贷过程都存在信贷风险。因此，本书将以过程管理的观点与思想作为基本研究思路，以我国信贷过程风险管理现状与原因为研究的切入点，进而围绕我国贷前风险的识别和量化，贷后风险预警以及不良资产管理等问题依次展开。

本书研究的主要内容包括以下六个方面：

（1）信贷过程风险管理概念的提出。主要研究我国商业银行信贷风险的表现与特征及过程管理概念等。

（2）构建商业银行信贷过程风险管理量化模型。为了对借款企业贷前风险进行识别及量化，构建神经网络模型和 Logit 模型，进而对我国银行业信贷风险进行实证分析和模型预测能力分析奠定理论基础。

（3）构建商业银行信贷过程风险管理动态预警模型。描述适时监控理论及方法，构建预警指标体系，厘定风险预警综合指数的权重，并进行相应的实证分析，达到建立灰色模型——GM（1，1）模型的目的，将信贷风险降至最小。

（4）对不良信贷资产风险管理进行了研究。这是信贷过程第三个阶段即不良贷款形成阶段的信贷资产风险管理，针对不良资产的严重危害性，笔者对不良资产评估方法进行了深入研究，从偿债能力角度运用假设清算法对不良资产进行了价值评估。另外，构建了不良资产保全体系，并提出了不良资产增量风险控制策略，通过研究希望能为我国商业银行完善不良信贷资产管理提供借鉴。

（5）研究了商业银行信贷过程风险管理策略。结合以上研究，给出了我国商业银行信贷风险管理的应对策略，主要包括完善企业 G2B 电子政务信息，银行信贷资产的资本准备、定价和证券化，加强集团客户信贷风险防范等。

（6）信贷过程风险管理实证研究。这部分对信贷风险进行信贷风险过程管理实证研究，包括信贷风险识别及量化、信贷风险预警和不良资产管理三个环节的实证研究。

二、研究方法

本书研究方法主要有四个：

（1）通过文献分析方法，对国内外有关信贷风险管理的研究进行了全面动态跟踪，通过理论研究，提出了信贷过程风险管理的概念、原则及思想，构建了信贷过程风险管理理论框架。

（2）通过计量分析方法，借助 Logit 模型和神经网络模型等对我国当前银行面临的信用以及违约风险的大小、变化趋势进行定量分析，试图对我国当前商业银行信贷风险形成较为准确的判断。

（3）借助 AHP 法及灰色理论对影响贷款安全的相关方面进行定量预警分析，进而预测信贷风险趋势，构筑信贷风险预警管理体系。

（4）结合规范分析与实证分析方法，对我国信贷风险现状及其存在的问题进行了规范研究，同时，结合中国实际，提出了信贷风险管理策略体系，对信贷过程风险管理进行了相应的实证分析。

三、技术路线

本书研究的技术路线，如图 1-2 所示。

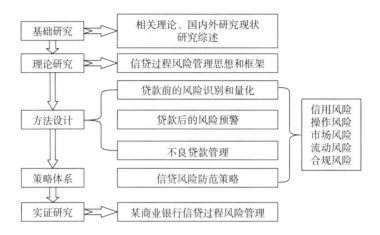

图 1-2　技术路线

第二章　经济下行压力加大条件下信贷过程风险管理现状与管理思想

第一节　信贷风险的概念及种类

一、信贷风险的概念

信贷风险在不同时代有不同的内涵。传统意义的信贷风险即指债务人不能按期偿付本息进而给银行带来损失的风险。这里的信贷风险包括内部和外部两方面因素，如式（2-1）所示。

$$R-F(I,\ E) \tag{2-1}$$

其中，R 表示信贷风险，I 表示内部因素，E 表示外部因素。该公式表示信贷风险 R 是内部因素和外部因素的函数。

随着现代金融业的发展，传统的信贷风险概念与现代的信贷风险及其管理相冲突。现代的信贷风险概念除包含了传统意义的信贷风险之外，还包含因债务人信用调整使银行信贷资产产生损失的可能性。即信贷风险是指由于债务人信用或利率以及汇率等的变动，导致银行信贷资产以及全部资产损失的可能性。

二、信贷风险的种类

按不同标准，可以把信贷风险分成以下类型。

1. 按信贷风险的程度

我们把其分为正常、关注、次级、可疑以及损失五类。

（1）正常类：借款人始终能按期偿还本息，贷款产生损失的可能性为零。

（2）关注类：借款人目前还能偿付本息，可是还有不能清偿的可能性。

（3）次级类：借款人已不能按时清偿本息，还款能力有明显不确定性。

（4）可疑类：在执行抵押以及担保后，借款人仍不能清偿本息。

（5）损失类：采取所有措施后，借款人仍不能清偿本息或仅能偿还极少本息。

2. 按信贷资产损失的原因，可以将信贷风险划分为以下五种类型

（1）信用风险，又称违约风险，是指借款人不能或不愿按约定要求偿还贷款或债券本息从而使商业银行蒙受损失的可能性。银行每当购买一种盈利性资产，通常来讲，都要遭受借款人违约的可能性，这种信用风险贯穿于信贷的全过程。而贷款在所有银行资产中，信用风险最大。形成这种风险的原因在于：一是借款人没有足够的清偿能力，一些原因直接影响借款人偿付本息的能力，如借款企业经营状况恶化、借款企业经营环境变化（2006 年美国房地产泡沫）或宏观经济条件变化等；二是借款人故意违约，使银行招致的道德风险增加。

（2）流动性风险，是指银行没有充足的现款和随时可用于支付的存款来满足流动性从而使银行信用受损的可能性。这里的流动性是指因为存款人支取存款、票据清算、归还到期借款以及客户合理的贷款需求等产生的现金外流。当不能维持充足的现款、不能以较合理的价格出售资产或借入现金，以满足各种流动性需求时，银行流动性风险形成，银行也会为此失去客户、失去信誉，进而产生挤兑风险甚至破产倒闭。

（3）市场风险，是指由于利率、汇率及信贷资产价格等的变动给银行信贷资产造成损失的可能性，其涵盖信贷资产的利率风险、汇率风险以及价格风险三个方面。市场风险管理的目标是确保银行信贷资产在利率、汇率及资产价格波动时不受损失。在利率市场化下，市场利率是不断变化的。在市场利率升高时，银行证券资产的价格趋于下跌，形成贬值损失；银行持有现金的机会成本增大，长期固定利率贷款所计利息与现在比相对较低。同时，市场利率上升可能导致存款外流，为了吸引存款，迫使银行提高存款利率，导致负债成本增加。对银行来说，当资产及负债的利率调整跟不上市场利率变化时，就产生了利率风险。而对于外汇风险，当银行处于多头时，如果外币贬值、汇率下跌，银行要蒙受损失；反之，当银行处于空头时，如果外币升值、汇率升高，银行同样蒙受损失。此外还有以外币计价的借贷风险以及会计风险等。

（4）操作风险，是指因不完善的银行内部控制、缺失的公司治理机制以及不良外部事件所导致的直接或间接损失的可能性。在银行经营过程中，导致银行收益减少或财产遭受损失的原因很多，例如，有些职员内部盗用、挪用以及侵吞公款等不良行为；因违反结算规定需要计提赔偿金；银行职员违章操作，形成短款以及错账；内部管理过乱，营业费用支出失控，引起经营成本上升以及外部不法分子的抢劫和盗窃现款等。这种风险主要是品质不诚实、执行制度不严、职员业务素质不高、管理薄弱以及不法行为引起的。银行业最近发生许多大要案，引起信贷资产损失，都和信贷人员操作相关。

（5）政策风险，是指银行在信贷过程中没有执行或严格执行国家有关的法律法规或其内部的信贷流程，进而造成信贷资产损失。

第二节　信贷过程风险管理现状及存在问题

一、商业银行信贷过程风险管理现状

1. 建立了统一授信制度

从 1999 年起，商业银行正式建立了统一的授信制度，这加强了银行防控客户信贷风险的能力，强化了银行内部控制和集中统一管理，符合银行"安全性、流动性和盈利性"的经营原则。统一授信制度要求银行依据借款人的财务状况、经营管理水平、偿还基础和外部环境等，规定在一段时间里能够而且愿意提供给客户的信贷总量规定，银行对该客户提供的各类信贷额度之和不应超过这一总量。

2. 确立了法人客户信用评级制度

选择对借款人信用产生重要影响的各种因素作为评价客户信用的指标体系，并按其重要性确定科学的指标权重，其内容主要包括以下六个方面：

（1）由资产负债率、速动比率以及流动比率等构成的财务状况。

（2）由资本利润率和净利润等构成的借款人盈利能力。

（3）由市场份额、净资产以及总资产等构成的借款人经营规模。

（4）由业绩、专业经验、文化水平以及道德表现等构成的管理人员素质。

（5）由销售增长率以及核心产品的生命周期等构成的借款人发展前景。

（6）由信贷和商业违约记录等构成的借款人信誉损失。

现在商业银行的信用评级制度已由银行自己掌握，并成为信贷授权的重要根据。信用评级需要通过抽样调查厘定具体等级，确保评级结果与国内企业财务水平及经营水平较低的实际情况相一致，又要确保信用评级满足正态分布的基本规律。

3. 实施了信贷五级分类制度

它是以商业银行对借款人的现金流量以及财务状况等的评价作为分类基础，以借款人对信贷本息的最终偿还能力作为分类标准，及时、全面和动态地揭示贷款质量。五级分类包括损失类、可疑类、次级类、关注类以及正常类五类。五级分类法相对"一逾两呆"分类法更精确地揭示了信贷质量状况，为商业银行采取应对策略防范和化解信贷风险、规范信贷管理奠定了良好的制度基础。1998 年，中央银行决定开始推行信贷五级分类试点，并依据国际透明度标准，中国工商银行、中国建设银行、中国银行和中国农业银行先后根据国际标准披露信息。

4. 初步建立了风险决策机制

除农业银行以外，其他三家国有商业银行已经由国有独资商业银行改组为国家控股的股份制银行，包括这三大银行在内的所有股份制银行已按现代商业银行运作模式初步组建了"三会一层"的组织结构，风险管理机制变革已经初步融合了公司治理结构。董事会现已成为风险管理的顶级决策机构，负责起草和制定风险管理战略，决定重大的风险管理政策和审批超过资本一定比例的信贷项目，审核对高级管理层有关风险管理的核心指标，并对其实行问责制。在董事会下面设立风险管理专业委员会，主要负责建立风险管理的组织框架及运行机制，审定风险管理政策和原则，并向董事会提出建议，保证风险管理战略和政策在银行落到实处。审议内部控制以及风险管理状况，定期评估职能部门以及高级管理层履行内部控制以及风险管理的职责情况，并提出整改要求等。审查重大的风险事项，对重大信贷项目等的审批行使否决权。为了对股东大会负责，监事会负责监督董事长、董事以及高级管理人员，检查和监督信贷风险管理政策以及资产质量等存在的问题。

5. 风险管理统计不断推进

中国人民银行不断对我国商业银行的存贷款余额进行统计（如表 2 - 1 所示）。

表 2-1 商业银行的存贷款余额

项目 Item	2019 年 6 月数据
一、各项存款 Total Deposits	718223. 26
（一）境内存款 Domestic Deposits	713347. 24
1. 个人存款 Individual Deposits	344821. 68
其中：活期储蓄存款 Demand Deposits	151791. 34
定期储蓄存款 Time Deposits	110284. 66
结构性存款 Structural Deposits	15882. 59
2. 单位存款 Corporate Deposits	325857. 30
其中：活期存款 Demand Deposits	147161. 74
定期存款 Time Deposits	61480. 33
保证金存款 Margin Deposits	7652. 94
结构性存款 Structural Deposits	8556. 85
3. 国库定期存款 Time Deposits of Treasury	3820. 35
4. 非存款类金融机构存款 Deposits of Non-depository Financial Institutions	38847. 91
（二）境外存款 Overseas Deposits	4876. 02
二、金融债券 Financial Bonds	12108. 93
三、卖出回购资产 Repo	1952. 00
四、向中央银行借款 Borrowings from the Central Bank	13475. 80
五、银行业存款类金融机构往来（来源方）Inter-bank Transactions（Sources Side）	16141. 47
六、其他 Other Items	83759. 72
资金来源总计 Total Funds Sources	845661. 18
运用方项目 Funds Uses	
一、各项贷款 Total Loans	506291. 69
（一）境内贷款 Domestic Loans	505153. 80
1. 短期贷款 Short-term Loans	116819. 79
2. 中长期贷款 Mid & Long-term Loans	373850. 37
3. 票据融资 Paper Financing	14226. 92
4. 融资租赁 Financial Leases	
5. 各项垫款 Total Advances	256. 72
（二）境外贷款 Overseas Loans	1137. 90
二、债券投资 Portfolio Investments	198622. 31
三、股权及其他投资 Shares and Other Investments	14024. 28

续表

项目 Item	2019 年 6 月数据
四、买入返售资产 Reverse Repo	18565. 05
五、存放中央银行存款 Reserves with the Central Bank	88829. 75
六、银行业存款类金融机构往来（运用方）Inter-bank Transactions（Uses Side）	19328. 09
资金运用总计 Total Funds Uses	845661. 18

6. 人民银行对银行的宏观调控不断加强

（1）金融调控及宏观审慎管理框架逐步完善。

1）建立健全货币政策框架体系。中华人民共和国成立后，我国一直实行大一统银行体系，中国人民银行同时承担中央银行与商业银行的职能，并与计划经济体制相适应。改革开放后，中国人民银行逐步将工商信贷和储蓄业务剥离出来，1983 年开始专门行使中央银行职能，主要负责实施金融宏观政策。随着我国改革开放的持续推进和经济体制从计划经济向有中国特色社会主义市场经济转轨，货币政策调控机制逐步从以直接调控为主向以间接调控为主转变。一是通过《中国人民银行法》确立了"保持货币币值的稳定，并以此促进增长"的货币政策最终目标；二是改革"统存统贷"的信贷计划管理体制，取消信贷规模限额控制，逐步确立货币供应量（M2）为货币政策中介目标，适时创建社会融资规模指标，作为货币政策重要参考指标；三是建立完善存款准备金、再贷款、再贴现、公开市场操作等货币政策工具制度，根据经济金融运行实际需要，陆续创设了公开市场短期流动性调节工具等货币政策工具。

2）强化货币政策宏观调控。在经济发展的不同阶段，中国人民银行始终根据经济金融形势变化，适时适度调整货币政策。例如，20 世纪 80 年代末期，我国经历了严重的"经济过热"和通货膨胀。在中央领导下，中国人民银行加强对货币信贷总量的控制力度，加大金融治理整顿力度，在较短时间内有效地抑制了投资过快增长和物价快速上升。又如，面对 2003 年之后我国经济新一轮上升周期，5 年中，先后 15 次上调存款准备金率。其中，2007 年 10 次上调存款准备金率，6 次上调存贷款基准利率。再如，随着 2008 年美国次贷危机蔓延加深并升级为国际金融危机，国内外经济金融形势发生重大转变，中国人民银行坚决贯彻落实党中央决策部署和国务院确定的应对危机"一揽子"计划，及时调整货币政策的方向、重点和力度；5 次下调存贷款基准利率，4 次下调存款准备金率，保持流动性充分供应，帮助中国经济在 2009 年率先实现企稳回升。又如，2009 年第二季度我国经济强劲复苏后，中国人民银行及时开始反方向调整，先后 3 次上调存款准备金率，有效降低了政策超调可能产生的影响。2015 年后特别是 2018 年以来，面对经济结构调整过程中出现的周期性下行压力，既保持政策定力，又适时预调微调，积极加大对供给侧结构性改革、经济高质量发展，特别是民营、小微企业的支持力度，缓解经济下行对实体经济的压力。

建立货币政策和宏观审慎政策双支柱调控框架。2008 年国际金融危机爆发后，国际社会认识到宏观不审慎是危机发生的重要原因。中国人民银行较早在逆周期宏观审慎管理方面进行了创新性探索。2009 年下半年，针对当时人民币贷款快速增长的局面，提出按照宏观审慎政策框架设计新的逆周期措施。2010 年，通过引入差别准备金动态调整措施，将信贷投放与宏观审慎要求的资本充足水平相联系，探索开展宏观审慎管理。2010 年底中央经济工作会议明确提出，用好宏观审慎工具后，中国人民银行不断完善宏观审慎政策，将差别准备金动态调整机制"升级"为宏观审慎评估体系（Macro Prudential Assessment，MPA），逐步将更多金融活动和资产扩张行为以及全口径跨境融资纳入宏观审慎管理。2017 年，"健全货币政策和宏观审慎政策双支柱调控框架"被正式写入党的十九大报告中。

打好防范化解重大风险攻坚战。习近平总书记在党的十九大报告中提出，要打好三大攻坚战，其中第一大攻坚战就是防范化解重大风险攻坚战。中国人民银行积极履行国务院金融稳定发展委员会办公室职责，牵头制定打好防范化解重大风险攻坚战三年行动方案，出台资管新规及配套政策，加强金融控股集团监管，完善系统重要性金融机构与金融基础设施监管制度，补齐制度"短板"。积极稳妥推动结构性"去杠杆"，把好货币"总闸门"，加强国有企业资产负债约束，严格落实差别化住房信贷政策，严控家庭部门债务、地方政府隐性债务和地方政府杠杆率过快增长。有序整治各类金融乱象，果断处置部分高风险金融控股集团风险，大力清理整顿金融秩序，持续开展互联网金融风险专项整治。

（2）金融机构改革不断深化。

1）国有大型商业银行改革取得重大成就。1979 年为配合实施"拨改贷"，国家陆续成立和建立各类国有专业银行，逐步打破国有专业银行之间的分工，剥离政策性业务，使其转变为市场竞争主体。但由于金融标准规制不规范、公司治理结构不完善、资本金不足等原因，加之受到 1997 年亚洲金融风暴的冲击，银行业积累了大量不良贷款，一度被国内外一些学者认为中国国有大型商业银行已到"技术性破产"边缘。此后国家通过发行特别国债，设立四家金融资产管理公司专门接受、处置从国有商业银行剥离的 1.4 万亿元不良贷款，但是仍未触及国有大型商业银行体制机制等深层次改革。

2002 年 2 月，第二次全国金融工作会议明确提出，要对国有大型商业银行进行股份制改造，条件成熟的可以上市。2003 年，中央决定由中国人民银行牵头，研究国有大型商业银行改革问题，中国人民银行创造性地提出，运用国家外汇储备注资大型商业银行，设计了核销已实际损失掉的资本金、剥离处置不良资产、外汇储备注资、境内外发行上市的"四步曲"改革方案。2003 年 9 月，经党中央审定，国务院批准中国人民银行牵头起草的"关于国有大型商业银行股份制改革"的总体方案。按此方案，交通银行、中国建设银行、中国银行、中国工商银行、中国农业银行陆续进行股份制改革，剥离不良资产，大幅充实资本金，并成功上市，逐步建立了相对规范的公司治理结构，内部管理和风险控制能力、市场约束机制明显增强，资产规模和盈利水平均跃居全球前列。2011 年以来中国银行、中国工商银行、中国农业银行和中国建设银行先后入选全球系统重要性银行（G-SIBs）。实践证明，正是通过改革，只有大型金融机构的健康性才得以实现质的飞跃，我国金融体系才能成功抵御 2008 年国际金融危机的严重冲击。

2）农村信用社改革深入推进。1996 年，农村信用社与农业银行脱钩，归口中国人民银行管理。1998 年以后，国务院先后成立了"整顿工作小组"和"改革调研小组"，对农村信用社进行了规范整顿，农村信用社的实力有所增强，但依然存在着产权关系不清晰、管理体制不健全、历史包袱重、资产质量差等问题，到 2002 年末，全国农村信用社不良贷款率高达 50%，97.8% 的农村信用社资不抵债。2002 年第二次全国金融工作会议后，国务院成立了由中国人民银行牵头的深化农村金融和农村信用社改革专题工作小组，对农村信用社改革和发展提出了"明晰产权关系，强化约束机制，增强服务功能，国家适当扶持，地方政府负责"的总体要求。2003 年 6 月，浙江省等 8 个省份开始实施农村信用社改革试点，并分阶段向全国推广。中国人民银行通过发放专项中央银行票据和专项再贷款，帮助试点地区农村信用社化解历史包袱。同时，在专项借款和专项票据发行、兑付条件，以及考核程序的设计上，把资金支持与农村信用社改革进程紧密结合起来，引导农村信用社逐步"上台阶"。在正向约束激励机制作用下，农村信用社的资产质量、盈利能力、支农资金实力、可持续性经营能力均得到明显提高。

开发性、政策性金融机构改革有序推进。为改变国有商业银行政策性业务与商业性业务不分、道德风险严重的局面，1994 年，国家陆续成立了国家开发银行、中国进出口银行、中国农业发展银行三家政策性银行。经过十几年的发展，政策性银行不断壮大，但也不同程度地存在业务边界不清、治理结构不完善等问题。按照 2007 年全国金融工作会议明确的分类指导、"一行一策"的改革原则，中国人民银行会同有关部门首先推进国家开发银行商业化转型，对国家开发银行资本金进行了补充，构建了较为规范的公司治理架构。2008 年国际金融危机爆发后，开发性、政策性金融服务国家战略的重要性、必要性凸显。中国人民银行通过外汇储备注资、明确债券信用政策等方式，为开发性、政策性金融机构改革提供资金支持，提高资本充足率；制定了三家银行的章程，推动健全公司治理结构和风险防控体系。通过改革，进一步强化了中国进出口银行、中国农业发展银行的政策性职能定位，明确了国家开发银行开发性金融定位，三家机构的资本实力和抗风险能力显著增强，治理结构、约束机制显著改善。

（3）利率汇率市场化改革稳步推进。

1）利率市场化改革实现重大突破。1993 年，党的十四届三中全会提出，"中央银行按照资金供求状况及时调整基准利率，并允许商业银行存款利率在规定幅度内自由浮动"，后来随着《中国人民银行法》《商业银行法》相继颁布实施，推进利率市场化的条件逐步成熟。1996 年 6 月 1 日，中国人民银行正式放开银行间同业拆借利率，标志着利率市场化迈出重要一步。随后，中国人民银行始终按照"先外币、后本币，先贷款、后存款，先长期、后短期"的思路稳步推进利率市场化改革，逐步实现债券市场利率、境内外币存贷款利率市场化。2008 年国际金融危机之后，分步有序扩大存贷款利率浮动范围，2013 年 7 月全面放开金融机构贷款利率管制，2015 年 10 月放开了存款利率上限，我国利率管制基本放开，标志着利率市场化改革取得重大突破。

2）汇率市场化改革稳步推进。改革开放以后，为配合外贸体制改革，国家开始实行外汇留成制度，后来建立了外汇调剂市场，并放宽了对个人用汇限制，逐渐形成官方汇率和市场汇率并存的局面。1994 年 1 月 1 日，人民币汇率形成机制改革取得突破性进展，实现了人民币官方汇率与外汇调剂市场汇率并轨，自此开始实行以市场供求为基础的、单一的、有管理的浮动汇率制度，建立了分层、统一的外汇市场。2005 年 7 月 21 日，中国人民银行再次启动人民币汇率改革，开始实行以市场供求为基础、参考"一篮子"货币进行调节、有管理的浮动汇率制度。经过 2007 年、2012 年和 2014 年连续三次调整，人民币兑美元交易价日浮动幅度从 3‰扩大至 2%，中国人民银行基本退出外汇市场常态化干预，人民币汇率弹性显著增强。近十年来尤其是在 2015 年"8·11 汇改"之后，人民币汇率形成机制的市场化程度越来越高。目前，人民币汇率双向浮动的弹性明显增强，汇率预期总体平稳，人民币汇率在合理均衡水平上保持了基本稳定。

（4）建立健全金融市场体系。

1）债券市场实现跨越式发展。我国债券市场从 1981 年恢复发行国债开始，到 1996 年底债券中央托管机构——中央国债登记结算公司成立之前，先后经历了 7 年"有债无市"、1993 年推出国债期货交易、两年后因国债"3·27"事件关闭国债期货市场等曲折探索。1997 年第一次全国金融工作会议后，商业银行全部退出交易所债券市场，转为在银行间拆借市场办理银行间债券回购和现券交易，从此开启了我国债券市场以场外大宗市场（银行间债券市场）为主导，包括交易所市场和场外零售市场（商业银行柜台市场）的多元化、分层次的债券市场体系。2000 年以后，按照"放松行政管制、面向合格机构投资者、依托场外市场"的基本思路，中国人民银行积极推动债券市场定位和市场结构的改革发展。推动建立健全做市商制度、结算代理制度、货币经纪制度、信息披露制度和信用评级制度等，完善债券发行、交易、托管、清算系统，建立上海清算所，推动成立中国银行间市场交易商协会、中债信用增进公司等。加快金融产品创新，先后推出了次级债券、普通金融债券、短期融资券、中期票据等；在现券和回购交易基础上，推出债券借贷、债券远期、信用风险缓释工具等，市场基础性产品的种类序列已与发达债券市场基本一致。截至 2018 年 10 月末，我国债券市场存量规模约为 84 万亿元，成为仅次于美国、日本的全球第三大债券市场，拓宽了实体经济的直接融资渠道，优化了社会融资结构，提高了货币政策传导效率，降低了社会融资成本，增强了金融体系稳定性。2018 年 10 月，推动设立民营企业债券融资支持工具，通过出售信用风险缓释工具等市场化方式，为暂时遇到流动性困难的民营企业发债提供信用支持，取得积极成效。

2）推动金融市场协调发展，货币市场创新发展。我国货币市场从 1984 年允许各专业银行相互拆借资金开始，随后各地陆续建立同业拆借市场。1993 年人民银行推动建立了全国集中统一的同业拆借市场。2007 年颁布了《同业拆借管理办法》，推出上海银行间同业拆借利率（Shibor），并推动货币市场改革开放。债券回购市场也在不断发展壮大。票据市场规范发展。我国票据业务产生于 20 世纪 70 年代，90 年代中后期出台《票据法》。2000 年以来，中国人民银行进一步推广电子商业汇票的使用，促进商业承兑汇票的业务发展。2016 年推动建成全国统一的票据交易平台，成立上海票据交易所，票据市场规模不断扩大、功能进一步增强。黄金市场功能更加完备。1982 年我国开放黄金饰品市场，随后中国人民银行发布《金银管理条例施行细则》。2002 年组建上海黄金交易所，为我国黄金市场开启了市场化的进程，上海黄金交易所现已成为全球第一大场内黄金现货交易所。

（5）人民币以市场化方式走向国际化。

1）人民币国际化是中国经济金融深化改革、对外开放的必然趋势，是水到渠成的结果。2008 年国际金融危机期间，国际社会对人民币的欢迎程度超过预期，部分国家主动要求和我国开展人民币互换。在国际金融市场对人民币需求增强和中国对外开放不断加深等背景下，中国人民银行顺势而为，沿着"逐步使人民币成为可兑换的货币"的长期目标，以实体经济为依托，进一步减少不必要的行政管制和政策限制，不断完善人民币跨境使用政策框架。2009 年 7 月，在上海和广东等地率先启动跨境贸易人民币结算试点，随后逐步扩大至全国。之后陆续推出人民币合格境外机构投资者（RMB Qualified Foreign Institutional Investors，RQFII）、人民币合格境内机构投资者（RMB Qualified Domestic Institutional Investor，RQDII）、沪港通、深港通、基金互认、债券通等创新制度安排，完善人民币国际化基础设施体系。随着中国经济和人民币国际地位不断提升，国际上建议将人民币纳入特别提款权（Special Drawing Right，SDR）货币篮子的声音日益增强。2015 年适逢国际货币基金组织（International Monetary Fund，MF）五年一次的 SDR 审查，人民币加入 SDR 面临难得的历史性机遇。中国人民银行按照中央的战略部署，积极推动人民币加入 SDR 货币篮子。2015 年 11 月 30 日，IMF 执董会认定人民币为可自由使用货币，决定将人民币纳入 SDR 货币篮子，并于 2016 年 10 月 1 日正式生效。这是人民币国际化的重要里程碑，反映了国际社会对中国改革开放成就的高度认可。

2）据环球银行金融电信协会（Society for Worldwide Interbank Financial Telecommunications，SWIFT）统计，截至 2018 年 8 月末，人民币位列全球第五大国际支付货币，市场占有率为 2.12%。据 IMF 2018 年第二季度公布的人民币储备信息，官方外汇储备货币构成（COFER）中报送国持有人民币储备规模为 1933.8 亿美元，已有超过 60 个境外央行或货币当局将人民币纳入官方外汇储备。

（6）稳步扩大金融业对外开放。

1）金融业对外开放不断扩大。改革开放初期，先允许在经济特区设立外资银行，且业务主要服务"三资"企业，信贷资金基本来自境外。1992 年邓小平南方谈话后，对外资银行开放逐步扩大，取消了设立机构的地域限制，并允许外资银行在上海试点经营人民币业务。自我国加入世界贸易组织以来，金融业在机构设立、业务范围、持股比例等方面不断扩大开放程度，外商纷纷来华设立金融机构，形成了具有一定覆盖面和市场深度的金融服务网络，并引入境外战略投资者参与国有大型商业银行股份制改造。2018 年以来，中国人民银行坚决落实习近平总书记在博鳌亚洲论坛宣布的金融业改革开放重大举措，制定了扩大金融业对外开放的路线图和时间表，同年 4 月集中宣布 11 项具体开放措施，目前已落实 7 项。同时，中国人民银行还积极推进支付清算、债券市场、信用评级、征信等金融领域扩大对外开放。

2）国际金融政策协调与合作取得新成果。配合国家总体外交战略，中国人民银行全方位、多层次、灵活务实地开展金融对外交流与合作。一是积极参与全球经济治理与政策协调。做好二十国集团（G20）财金渠道特别是 2016 年 G20 杭州峰会相关工作。积极参与和推动国际货币基金组织（IMF）的份额、治理及监督改革，中国的份额排名上升至第三位，进入 IMF 管理层。参与金融稳定理事会（Financial Stability Board，FSB）、巴塞尔银行监管委员会（The Basel Committee on Banking Supervision，BCBS）等机构制定标准和规则，推动国内标准与国际标准接轨。二是加强多边开发领域的合作与创新。自 1980 年以来，中国人民银行已先后加入非洲开发银行、泛美开发银行、欧洲复兴开发银行等区域和次区域多边开发银行。三是深度参与"一带一路"框架下投融资合作。鼓励金融机构开展人民币海外基金业务，推动成立并增资丝路基金，推进金融机构和金融服务的网络化布局。四是借助东盟与中日韩（10 + 3）合作机制、上合组织、东南亚中央银行组织等平台，加强区域金融合作。五是稳步推进港澳人民币业务发展，巩固香港国际金融中心地位，建成两岸货币清算机制。

3）外汇管理方式实现重大转变。自 1996 年 12 月 1 日起，我国接受 IMF 相关协定条款义务，实行人民币经常项目下可兑换。实现经常项目完全可兑换以后，我国开始研究推进资本项目可兑换，但随着 1997 年亚洲金融危机爆发，加之当时经济金融形势比较严峻，资本项目可兑换改革节奏一度放缓。我国加入世界贸易组织以后，中国人民银行按照"先流入后流出、先长期后短期、先直接后间接、先机构后个人"的思路，通过深化改革，稳步提高资本项目可兑换程度。按照 IMF 资本项目交易分类标准下的 40 个子项来看，目前我国可兑换和部分可兑换的项目 37 项，占 92.5%，仅剩 3 项尚未放开。同时，中国人民银行主动加快外汇管理方式转变，通过放松管制、简政放权，大幅度减少对跨境资本和金融交易的汇兑限制，实行资金流入流出均衡管理，促进国际收支基本平衡。

4）外汇储备经营管理不断完善。从1994年外汇管理体制改革以来，我国外汇储备规模总体呈现大幅增长，中国人民银行依法持有、管理和经营国家外汇储备。2001年以来，外汇储备在国务院、中国人民银行、国家外汇管理局三级授权体系下，按照"安全性、流动性、保值增值"的原则经营管理，接受各级指导监督。通过构建分散化的投资组合，外汇储备货币资产摆布逐步扩展到涵盖30多种货币、50多类资产品种、6000多家投资对象，实现全球范围、24小时连续运营，风险管理和内部控制框架、方法、工具和手段不断优化，成功经受住了亚洲金融危机、美国次贷危机、欧债危机等冲击，实现了经营业绩的稳定增长。

（7）持续加强金融基础设施建设。

1）金融法治工作扎实推进。推动建立了以《中国人民银行法》《商业银行法》《证券法》《保险法》等基础金融法律为核心，相关行政法规、部门规章及规范性文件为重要内容的金融法律制度框架。推动出台了《反洗钱法》《金融统计管理条例》《征信业管理条例》《存款保险条例》等法律法规。加快推进《非存款类放贷组织条例》《现金管理暂行条例》等金融法规的制定及修订工作。持续深化"放管服"改革，建成行政审批事项网上办理平台，不断简政放权，提高政策透明度。

2）金融统计工作取得新突破。建成全国集中的金融统计信息系统，实现了金融统计数据集中和共享。创新设立社会融资规模系列指标，从金融机构资产方提供货币政策总量调控目标，成为宏观分析和决策的重要参考。建立金融业综合统计制度，创新开展资管产品统计。强化宏观专项统计和信贷政策统计，服务金融调控和系统性金融风险防控。

3）加快建立现代化支付清算系统。改革开放以来，从实现联行体制变革，到陆续建成大额及小额支付系统、支票影像交换系统、电子商业汇票系统等，再到成功上线运行第二代支付系统、中央银行会计数据核算集中系统（Accounting Date Centralized System，ACS）、人民币跨境支付系统（Cross-border Interbank Payment System，CIPS），我国支付清算系统实现飞跃式发展。组建中国银联，推进银行卡全国联网通用。建立银行账户实名制，完成个人银行结算账户分类管理改革。引导非银行支付机构健康发展，我国移动支付的业务量、处理效率、覆盖面，均居世界领先地位。

4）征信体系逐步健全和完善。20世纪90年代后期，中国人民银行开始启动企业和个人征信系统建设。在此基础上，逐步建成了金融信用信息系统基础数据库，对改善社会信用、防范信贷风险发挥了重要作用。同时，有条件放开市场准入，市场化征信机构整体实力和竞争力不断增强，实现了与国家金融信用信息系统基础数据库错位发展、功能互补。全面推进社会信用体系建设，参与信用联合惩戒与激励机制建设。

5）货币金服务效能持续提升。自成立以来，中国人民银行先后设计印刷了五套人民币，我国印钞造币在印制技术、防伪水平等方面跨入世界先进行列。加强大额现金管理，提高小面额人民币服务水平，现金管理能力和水平不断提高。持续加大防范和打击假币力度，反假货币工作进入系统化、科学化、精细化管理阶段。设立数字货币研究所，深入开展数字货币研发工作。

6）国库现代化体系不断完善。自中国人民银行成立以来一直履行经理国库职能，随着《国家金库条例》《预算法》的颁布实施，经理国库工作不断走向法制化、科学化、规范化。国库制度和信息化建设持续推进，为保障国库资金安全、确保各级财政预算顺利执行发挥了重要作用，特别是 2006 年国库信息处理系统（Treasury Information Processing System，TIPS）的上线运行，为实现财政资金安全、高效运转提供了坚实保障。

7）反洗钱工作持续加强。2004 年牵头建立了国务院反洗钱工作部际联席会议制度，完善监管制度框架，加强工作协调配合，反洗钱监管全面覆盖银行业、证券期货业、保险业和重点特定非金融行业。中国深度参与反洗钱国际交流合作和规则制定。

8）金融消费权益保护工作机制初步建立。2012 年成立金融消费权益保护专门机构，建立并完善金融消费权益保护机制和措施，拟定金融消费者保护政策法规和规章。开展多种形式的金融消费者教育活动，积极探索将金融知识纳入国民教育体系。大力发展普惠金融，建立完善中国普惠金融指标体系，重点提升基础性金融服务的覆盖面。

7. 商业银行不良贷款率不断下降

银监会审慎规制局局长肖远企 2019 年 2 月 9 日在银监会四季度主要监管指标发布会上表示，目前银行业整体稳健，风险可控，并充分肯定了目前商业银行的流动性准备。

据肖远企介绍，资产利润率和资本利润率方面保持在正常水平，资产利润率为 0.92%，资本利润率为 12.56%，高于国际同行水平。

截至 2017 年末，商业银行不良贷款余额 1.71 万亿元，不良贷款率 1.74%，关注类贷款余额 3.41 万亿元，关注率贷款率 3.49%。

同时，商业银行贷款损失准备余额3.09万亿元，比2016年底增加了4000多亿元；拨备覆盖率是181.42%，比2016年底上升了5.02个百分点。贷款拨备率，即拨贷比，为3.16%，比2016年底上升了0.09个百分点。

银监会一直在强调流动性管理，加强资产和负债的匹配管理，强调负债的质量。我国商业银行在中国人民银行的备付金比例就有2%，法定存款准备金充分，这些都说明商业银行流动性准备很充足。

从流动性来看，各项流动性指标处于非常稳健的水平。据介绍，流动性比例是50.03%；人民币超额备付金率是2.02%；存贷比是70.55%；流动性覆盖率是123.26%。

此外，截至2017年底，我国银行业金融机构本外币资产合计252万亿元，同比增长8.7%。其中各项贷款129万亿元，同比增长12.4%；银行业总负债233万亿元，同比增长8.4%。其中，各项存款157万亿元，占比大概将近70%。

这说明银行业回归本源、专注主业效果得到展现，银行业资金脱实向虚的势头得到初步遏制。资产负债的结构和增速则体现了银行业稳健经营的态势得到继续保持。

不过，目前各个银行的管理水平存在差异，特别是在公司治理方面。有的银行公司治理完善一些，有的银行相对不健全，有些银行"三会一层"运行不够规范，有的银行还存在股东不当干预、隐形股东股权代持等情况。

监管应该坚持"底线思维"。对银行业存在的问题有信心、有决心。特别是坚持党中央对金融工作的集中统一领导，坚决贯彻落实党中央国务院的各项部署，是银监会做好监管工作的根本保证。

目前监管工具箱里的监管手段很多，有比较完善的压力测试系统，在不同情景之下，对不同业务领域、不同机构都有压力测试，同时也有应急预案，有缓释和化解风险的一系列措施和手段。

8. 金融风险防控取得初步成效

在以习近平同志为核心的党中央的坚强领导下，银保监会"不忘初心、牢记使命"，认真贯彻落实党中央、国务院决策部署，着力服务实体经济、防范金融风险、深化金融改革开放，银行业总体运行稳健，各项工作取得阶段性成效。具体来讲：

（1）金融服务实体经济质效得到持续提升。最为重要的是金融业端正了发展的指导思想，回归本源，牢记实体经济是金融的根基，服务实体经济是金融业的天职。银行机构努力增加有效供给，大力支持稳增长。充分调动信贷、债券、股权、保险等资金，保证融资的供给满足经济社会发展需求。2019 年上半年，新增人民币贷款 9 万多亿元。同时，优化供给结构，培育增强经济新动能。加大中长期贷款和信用贷款投放，重点满足制造业和消费升级的融资需求。支持扩大知识产权质押融资，积极拓展科创企业融资渠道。特别是下了大力气在缓解民营和小微企业"融资难、融资贵"的问题上做了大量的工作。2019 年 5 月末，普惠型小微企业贷款余额超过 10 万亿元，增速明显高于各项贷款增速。前 5 个月五大银行新发放普惠型小微企业贷款平均利率较去年全年下降了 0.65 个百分点。最近，金融稳定理事会做出了评价，认为中国在亚太地区小微企业贷款增长的速度居于首位，不良贷款率保持很低的水平。

（2）防范化解金融风险取得积极进展。按照党中央要求，坚持"监管姓监"，敢于斗争，敢于担责，敢于碰硬，坚决整治市场乱象，加大处罚力度。两年多来共罚没 60 多亿元，超过前十年处罚总和，处罚了违规人员 8000 多人次，形成了强有力的震慑。处罚是手段，不是目的，我们的目的是通过监管、责任的到位来倒逼银行保险机构落实自己的主体责任，维护市场秩序，保护人民群众根本利益，牢牢守住不发生系统性金融风险的底线。经过各方面努力，目前高风险机构风险逐步化解，非法集资大要案正在有序处置，网络借贷风险压降成效比较明显。网贷机构数量比 2018 年初下降 57%。坚定不移拆解高风险影子银行，两年多来，大力压降层层嵌套、结构复杂、自我循环高风险金融资产 13.74 万亿元，有力遏制金融脱实向虚。同时我们大力铲除信用风险产生的土壤。两年来，累计处置不良贷款超过 4 万亿元，当前银行业不良贷款率稳定在 2%，拨备覆盖率超过 175%，商业银行资本充足率等主要监管指标均处于较好水平。可以这样讲，抵御风险的"弹药"是充足的。金融风险已经从发散状态逐步转向收敛，总体可控。

（3）金融业改革开放迈出新步伐。推动银行保险机构转变发展方式，彻底扭转注重规模和速度而轻视质量和效益的发展方式，走内涵式的发展道路，完善公司治理，强化激励和约束，大力发展专业化、特色化金融机构，鼓励开发差异化、定制化产品服务。在扩大金融业开放方面，我们出台了 20 余项举措，这将有力地吸引更多高质量的境外金融机构到中国来投资兴业。

我们清醒地认识到，银行业工作还存在很多差距和不足。俗话说，想明白、说明白，最后还是要落实在做明白上。下一步，银保监会将以习近平新时代中国特色社会主义思想为指导，增强"四个意识"，坚定"四个自信"，做到"两个维护"，坚持党中央对金融工作的集中统一领导，坚持稳中求进，持续深化金融供给侧结构性改革，着力增强金融服务实体经济能力，深化金融改革开放，平衡好稳增长和防风险的关系。我们有信心、有能力打赢防范化解金融风险攻坚战，推动银行业保险业持续走向高质量发展，为全面建成小康社会提供更有力的金融支持。

二、商业银行信贷过程风险管理问题

1. 信贷风险处置机制薄弱

信贷风险处置手段和方法还十分单一，处置机制还十分薄弱，传统的手段是抵押贷款或者担保贷款。虽然抵押和担保贷款是商业银行转移信贷风险的主要手段，但是抵押或担保并不能保证贷款按时偿还，足值的抵押物也不能将一笔贷款由坏转好。目前，银行开始增加了抵押贷款，可是在实际运作过程中，抵押贷款办理难度很大：一是国内抵押物处置交易机制不完善，抵押物不易处理；二是抵押手续相当烦琐；三是办理财产抵押所需的手续费很多，例如，一些短期流动资金贷款。对于担保贷款，银行能够控制第三者的还款来源，但不能保证第三者就能够清偿贷款，况且，银行在担保执行过程中的不规范操作往往产生客户间担而不保、相互担保或者多头担保的情况。所以，银行在转移风险的过程中，又承担了第三人（担保人）的信用风险。

2. 借款人信用评级法存在的缺陷

当前评级法对现金流的分析较少，具有较大主观性，未能真正将其运用到风险管理活动中。

（1）评级结果预见性不强。国有商业银行通常用借款人过去三年的财务报表为基础确定评级。而用以前的财务报表作为基础的评级不能科学预测其将来的还款能力，且评级结果尚未结合信用评级深入分析信贷风险和定量估计损失准备金（包含普通和专项两类），只是简单地应用于信贷领域。

（2）评级标准主观性很强。一旦确定评级指标及其权重就很少调整，导致评级结果不能如实反映借款人的风险水平。用固定不变的权重进行评级是不科学的，因为同一个企业在不同时期，同一指标因素对其信用水平的影响可能发生变化；另外不同类企业的经营状况不同，通过同一指标体系对借款人进行评级，显然是不合理的。

（3）现金流量分析缺乏。现金流量是分析和预测借款人将来偿本付息能力的关键因素，充足的现金流是借款人按时偿本付息的根本保证。可是目前，我国商业银行的内部评级法尚未对现金流量进行分析和预测，所以很难揭示借款人将

来真实的偿本付息能力。

3. 贷款风险五级分类的缺陷

五级分类的缺陷主要包含以下三个方面：

（1）风险分类标准不细。贷款五级分类有五个级别，其中不良类三个级别，正常类两个级别，这些标准的适用性较差，很多集中于个别级别里，分类结果不均衡。

（2）风险分类科学性难以落实。这主要是因为客户经理依据个人判断进行五级分类，没有严格的操作流程，风险分类人为因素较大。

（3）风险分类标准的顺序尚未厘清。从 2004 年起，国有独资商业银行、股份制商业银行两类银行将奉行国际标准，取消原来并行的贷款四级分类制度，全面推行贷款五级分类制度。

2007 年银监会发布《贷款风险分类指引》规定商业银行贷款五级分类是贷款风险分类的最低要求，各商业银行可根据自身实际制定贷款分类制度，细化分类方法，但不得低于要求五级分类的要求，并与五级类方法具有明确的对应和转换关系。目前已有多家银行实行了贷款风险多级分类，例如中国银行实行的是 52221 的十二级分类，中国工商银行实行的是 43221 的十二级分类，交通银行实行的是 52111 的十级分类等。

偿还能力是影响借款人偿本付息最关键的因素，但在实际操作中，常常因为客户提供了担保物或和借款人的私人关系等情况而未将借款人的偿还能力放在最核心的位置。即使在分类标准中确定了一些量化指标，但这些因素不是由信贷人员的偏好决定其先后顺序，就是被同等对待。

4. 风险预警机制不健全

目前很多银行的贷后审查报告闭门造车，未对客户进行动态实时监测和信息收集分析，导致未能及早知道借款人经营管理中形成的风险预警信号，错失了收回贷款的最好时机，从而形成信贷风险。而完善的风险预警机制能及时分析研究收集的信息，提早发现信贷风险。可在各银行管理实践中，虽然确立了贷后检查的政策及岗位责任制，但普遍对贷后检查不够重视，贷后检查流于形式。很多信贷人员认为，只要借款人能够正常还本付息、抵押物足值或信贷金额不大，就不需要贷后管理，特别是对那些信贷发放时效益较好而且名气较大的大客户，认为在短期内不会陷入无力偿本付息和资不抵债的境地，忽视了风险的不可预见性。

5. 业务流程不合理

许多商业银行的信贷管理模式仍然是分级授权和分级经营模式，根据行政级别的不同，各个分支行分别拥有不同的信贷转授权，分别组建了不同级别的审批机构。这种模式造成了决策层及决策点过多过宽，另外，许多分支行的贷款审批人素质以及数量通常无法满足要求，造成决策不集中和决策效果不佳。在此种状况下，即便上级行和分支行的根本利益一致，但因为绩效考核和内部管理机制下他们的利益永远存在差异。上级行从全行整体和长远利益出发，作为委托人责令分支行将有限的信贷资源进行最优化配置，按统一标准选择配置对象；可是作为代理人的分支行有追求局部及短期利益的动机，以得到眼前利益和以考核指标为目标，通常依据自身利益选择配置目标。由于利益不同，两者在选择上常常会不一致甚至完全相反。另外，一方面，上级行不具有信贷配置的信息优势，对信贷配置不具有主动权并且制衡手段缺乏；另一方面，主要借助制定及公布信贷制度和政策来管理分支行。以上这些因素导致银行信贷决策体系散乱和控制无力。

另外，某些银行尚未建立专门的风险管理机构，即使建立了专门的信贷风险管理机构，还没有形成纵向到底和横向到边的、独立的、能高效控制各类风险的管理体制，严重缺乏高素质的专职风险经理和风险管理专业人员；虽然一些商业银行已建立了现代银行法人治理结构，可其监督层、经营层、管理层以及决策层的职责分工不明确。高效的组织保障机制以及健全的风险管理机制还尚待建立。

6. 贷前调查审批及贷后管理不完善

贷前调查是指信贷部门接受借款人贷款申请之后，收集、整理和分析借款人基本概况、财务信息及经营情况的整个过程。通过贷前调查了解借款人的资信及经营状况，为提高信贷质量和优化贷款决策提供依据，但银行贷前调查存在以下一些严重问题：

（1）对借款人法律资格认定不够重视，一旦借款人面临倒闭等严重问题，银行将承担巨大的信贷风险。

（2）轻视对法人代表的品德调查。这也给银行信贷资产带来了潜在风险，使银行面临巨大的以信用风险为代表的信贷风险。

（3）高估借款人贷款抵押物价值。高估抵押物的价值通常因借款人偿债能力恶化而使银行陷入巨大的信用风险泥潭中。

（4）在贷后管理中，许多银行贷后检查重表面，轻实质；贷后预警重定性，轻定量；贷款分类重形式，轻作用。这使银行的贷后风险没有充分暴露，银行的潜在风险增大。

（5）许多银行贷款审批由行长决定，行政色彩过浓，即便设立了贷款审批委员会，也形同虚设，不能发挥应有的民主决策，使银行遭遇操作风险的概率增大。

第三节　信贷过程风险的表现与特征

信贷过程风险是指信贷资产在贷前、贷后和不良资产的整个过程所面临的各种风险，是信贷风险在三个阶段的具体体现。

一、商业银行信贷过程风险的表现

1. 贷前的风险表现

商业银行的贷前风险主要表现为信用风险、操作风险和合规风险三个方面，而以逆向选择为主的信用风险是贷前最主要的风险。商业银行在贷款前要对信贷客户的信用风险进行风险识别和量化，以确定是否向其发放贷款，但贷款规模及行业选择是否符合国家政策就会牵涉合规性问题。同时银行的风险识别和量化等程序及方法、区域及行业选择如果不符合操作程序，就会面临操作风险问题。这里以行业选择为例，商业银行以能源、交通及建筑等垄断性行业及集团公司、股份公司等为重点投资对象；以大客户、大企业以及大项目为主要贷款目标；商业银行贷款是房地产企业的主要资金来源。这通常会加剧银行的信贷风险。

2. 贷后的风险表现

商业银行的贷后风险主要表现为信用风险、操作风险以及市场风险三个方面。信贷客户的经营管理及财务状况处于不断变化之中，其还本付息能力也在不断变化，因此银行面临巨大的信用风险。在信用贷款和保证贷款中，信贷客户或保证人不符合规定的资格，例如，信贷客户是没有在工商行政部门登记的企事业法人；信贷客户或保证人违约，保证手续不全，引致保证合同的法律风险；债权人和信贷客户在没有保证人允诺情况下，修改贷款合同导致保证无效；一套人马多块牌子或一个信贷客户注册多家公司或一个母公司下设多级法人企业，多头开户、多头套取银行贷款；企业资产重组，净资产缩水或变相转移债权债务，这些都会给银行贷款带来风险。

银行的内部控制能力，信贷集中度，信用风险转嫁及分散技术水平，资本准备及资产证券化程序都可能使银行遭遇操作风险。在银行操作上，有为考核需要故意掩盖信贷风险的、有怕得罪客户，甚至替客户讲话的，在贷款出现风险苗头时，不但不果断采取措施，反而给予扩大授信去掩饰风险，最终贻误收贷时机。另外，1999年以来，我国信贷集中度较高，银行贷款占房地产开发企业所需资金的20%以上。银监会统计部负责人指出，现在每个大客户贷款平均约为5亿元，我国商业银行1%的大客户掌握约50%的贷款；一些企业粗放式经营，致使信贷风险过度集中、信贷结构极不合理和盈利逐渐减少。操作风险引致的信用风险可见一斑。

由于信贷资产容易受市场资产价格波动的影响，收入结构如何将直接决定市场风险的大小。我国商业银行收入大部分来自利息收入，极少来自中间收入，因此，收入结构很不完善，中国工商银行各年度的中间业务收入就反映了这一特点。从表面来看，历年我国商业银行都是赢利的，但若剔除呆账准备金以及应收应付利息等因素，远远落后于国际先进水平。例如，中国工商银行的非利息收入占比很低，还不到营业收入的20%，而西方商业银行非利息收入占比已经达到40%以上。虽然2006年以后该行的中间收入占比逐渐提高，但到了2008年由于受美国次贷危机及我国低迷的资本市场影响，非利息收入同比下降3.23%。而且银行间接融资比例过大。2007年底，我国直接融资规模增速较高，创出历史新高；融资额（包括股票、公司债及国债）为1.24万亿元，占融资额的21.1%，同比提高了5.9%，如图2-1所示。由图可知，资本市场融资功能得到加强，融资结构有所优化。

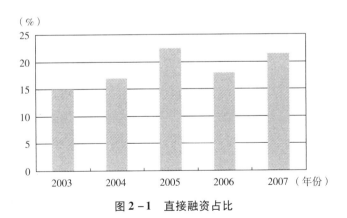

图2-1　直接融资占比

虽然直接融资在总融资中的比重有所提高，可融资结构还是以间接融资为主，企业靠银行贷款融资的问题还没有显著改变，极低的直接融资比重对储蓄向投资转化极为不利，也使由操作风险引致的信用风险不断向银行集聚。中国的金融结构发展究竟以直接融资为主，还是以间接融资为主？中国的金融资源应该集中一点好还是分散一点好？中国的外资参与度在怎样的水平上更合适？

2019 年 5 月 30 日，在 2019 金融街论坛年会上，银保监会首席风险官、办公厅主任肖远企对上述问题进行了详细阐述。肖远企表示，"只有适合本国国情的金融体系才是最优的，也才能对实体经济的发展起到积极促进的作用，并有效防范重大金融风险。"

目前，我国融资结构具有三个鲜明特征：储蓄率高、储蓄主体与投资主体匹配程度低、间接融资占比高。而从历史统计来看，以直接融资为主的国家发生金融危机的次数远远高于以间接融资为主的国家和地区。

肖远企认为，从世界各国金融体系结构演进来看，并不存在理论上所谓的最优金融结构。"直接融资和间接融资都是金融的本质和组成部分，不要把研究的范围局限在比例上，其实更重要的应该是它的组成要素，不同的功能定位，这个比例可能还没那么重要。"

自 1978 年改革开放以来，我国银行、保险业对外开放的步伐从未停止，从严格限制外资机构的经营地域和经营范围到给予外资全面国民待遇。截至目前，我国外资银行资产占全部商业银行的比重为 1.6%，外资保险公司占比为 5.8%，银行、保险业对外开放都还有很大的提升空间。

尽管外资参与对于丰富一个国家和地区的金融服务渠道、方式、范围，在改善金融供给、提升金融服务效率等方面，确实发挥了重要作用。但外资所带来的短期和长期风险，以及可能面临的金融失衡，也需要关注。

肖远企认为，外资参与度是一个很重要的衡量因素，能够反映一个国家金融体系结构总体活跃度。但如何把握活跃度，应该是既要尊重规律以及服务体系的需求，同时，也要做到能够防范、控制好可能出现的问题。

肖远企称，"要形成一个金融与经济和社会发展良性循环的融资体系，还需要我们共同探索。"

3. 不良贷款风险表现

商业银行不良贷款风险主要表现为信用风险和流动性风险两个方面。此时的信用风险即为不良资产风险。不良资产过多，存款客户信心动摇就会产生大量流动性风险。不良贷款风险（Non-performing Loans，NPL）是商业银行信贷风险的主要表现，2007 年和 2008 年不良贷款分别高达 12684.2 亿元和 5681.8 亿元，占贷款总量的 6.17% 和 2.45%，其中国有商业银行分别为 11149.5 亿元和 4208.2 亿元，占贷款总量 8.05% 和 2.81%。由此可以看出，不良贷款数量大，比重高，商业银行不良贷款大多在四大国有商业银行，但这些银行的不良贷款比例呈现下降趋势，如表 2-2 所示。

表 2-2　四大国有商业银行不良贷款变化情况　单位：%

年度	中国建设银行	中国工商银行	中国农业银行	中国银行	平均不良贷款率
2004	3.92	26.73	5.12	15.60	12.84
2005	3.84	28.57	4.90	10.50	11.95
2006	3.29	3.79	26.17	4.04	9.50
2007	2.60	2.74	23.5	3.12	8.05
2008	2.17	2.29	4.14	2.65	2.81

资料来源：中国银监局及央行网站统计数据、各银行年报数据整理。

2008 年底，中国银行、中国建设银行和中国工商银行三大银行的不良贷款净额分别达 874.90 亿元、785.37 亿元、10469.86 亿元，共计 12130.13 亿元，但是如果统一口径，中国商业银行的不良贷款率若按标准普尔推算远不止于此，例如，截至 2005 年底，中国商业银行不良贷款率若按标准普尔推算，达 20% 以上，合人民币约 5 万亿元，可是我国政府统计的不良贷款率仅为 8.9%，合人民币 1.8 万亿元，两种口径统计的差距可见一斑。

除中国农业银行尚未成为股份有限公司、其报表数据无法直接获取以外，到 2008 年底，我国四大银行不良贷款比例已降至 2.81%，但与目前在京外资银行差距大，其不良贷款率仅为 0.83%，而不良贷款警戒线的国际标准为 10%，如表 2-3 所示。

表 2-3　2007~2009 年商业银行不良贷款对照　单位：亿元

不良贷款种类和机构	2007 年 1 月~ 2007 年 12 月	2008 年 1 月~ 2008 年 12 月	2009 年 1 月~ 2009 年 3 月
不良贷款	12684.2	5681.8	5495.4
其中：次级贷款	2183.3	2664.3	2560.9
可疑类贷款	4623.8	2446.9	2363.0
损失类贷款	5877.1	570.6	571.5

续表

不良贷款种类和机构	2007 年 1 月~ 2007 年 12 月	2008 年 1 月~ 2008 年 12 月	2009 年 1 月~ 2009 年 3 月
主要商业银行	12009.9	4944.9	4714.4
国有商业银行	11149.5	4208.2	4040.1
股份商业银行	860.4	736.6	674.3
城市商业银行	511.5	484.5	509.2
农村商业银行	130.6	191.5	197.4
外资银行	32.2	61	74.3

注：商业银行包括国有商业银行、股份制商业银行、城市商业银行、农村商业银行和外资银行；主要商业银行包括国有商业银行和股份制商业银行；国有商业银行包括中国工商银行、中国农业银行、中国银行、中国建设银行、交通银行；股份制商业银行包括中信银行、光大银行、华夏银行、广东发展银行、深圳发展银行、招商银行、上海浦东发展银行、兴业银行、中国民生银行、恒丰银行、浙商银行、渤海银行。

二、商业银行信贷过程风险的特征

上面考察了我国商业银行信贷过程风险的现状，从中显示了我国银行信贷过程风险除了具有金融风险的一般特点如不确定性、传递性、扩散性之外，还有与其他金融风险不同的特性。

1. 风险和收益的不对称性

在信贷过程中，西方商业银行的风险与收益在市场经济条件下是对称的：若风险越低，则预期收益越小，但实现的概率越大；若风险越高，则预期收益越大，但实现的概率越小。由于市场风险的收益分布通常呈对称分布，风险和收益是对称的。市场经济中的风险是分散的，其主体也是多元的，谁采取行动，谁就要承受风险。因此，用关于投资组合价值的标准差及期望值的正态分布就能对其确切表达。但是信贷过程风险的收益在信用风险限制下，则呈现右偏分布，如图 2-2 所示。

图中 e、p 分别表示期望收益以及信贷过程风险相应发生的概率。在统计信贷过程风险的分布特征时，既要参考标准差和期望值，又要参考偏态和峰度等指标，从而精确描述信贷过程的分布特征。

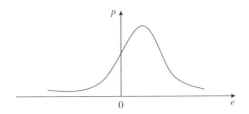

图 2 - 2 风险损益的概率分布

我国商业银行风险与收益是不对称的，居民、企业以及政府都能将信用风险和市场风险转嫁于银行。银行不仅垄断了信用，也"垄断"了风险。因此，银行承受的风险与收益严重不对称。

2. 隐蔽性及累计性

在信贷过程中，假如银行管理不好，在风险损失发生后，如果得不到及时补充，风险损失就可能在其内部积累，而当损失积累到一定程度时，银行很可能被兼并或破产。尽管银行利润、自有资本或抵押品收益等通常能够补充银行风险，但银行在净资产小于或等于零时将宣告倒闭，从而制止债权人的更大损失，银行仅以其出资额承担贷款带来的风险，这就避免了风险的过度累积。可是目前我国风险承受主体不清，责权利不统一，银行的信贷过程风险补偿机制相当脆弱，即便银行贷款有风险，也缺乏紧迫性，缺乏风险补偿能力。贷款后的不良贷款风险在储蓄存款不断增长情况下被掩盖了。

3. 失控性以及体制性

在信贷过程中，我国商业银行信贷过程风险形成的关键原因是体制不健全。从宏观上来看，当前我国各项管理机制不完善，财政、投资以及社会保障不健全，形成"财政、投资及保障挤信贷"的倒逼机制，信贷过程风险相应产生；从微观上来看，国有企业与国有商业银行的产权关系不清，盈利或亏损都不是自己的，整个金融市场发展不完善，不能有效转移、分散及化解风险。

4. 爆发的局部性

银行体系发生整体支付危机的可能性小。因为我国银行有国家信用作为后盾，通常不可能产生疯狂地挤提状况，但这不是说没有局部挤兑。各种各样的区域性银行及城市商业银行等中小银行控制信贷过程风险管理水平不高，由于其资本金少以及人才匮乏等，在贷款到期之后，万一不慎信贷风险就会全面爆发，海南发展银行挤兑风波以及农村信托公司关闭事件就说明了这一点。中小商业银行及非银行类金融机构在未来 4~6 年将达到风险暴露的巅峰。

第四节　商业银行信贷风险成因

由于篇幅所限，这里仅介绍商业银行个人信贷风险的成因。

随着社会经济的发展，我国商业银行个人信贷业务也呈现迅猛发展的态势。个人信贷业务因其资本占用少、回报率高的特点成为各商业银行的发展重点，从包含个人住房按揭贷款在内的个人消费性贷款到以扶持小微企业经营发展为目标的个人经营性贷款，无论是贷款品种的日益丰富还是贷款规模的不断攀升，都标志着个人信贷业务成为商业银行信贷业务中的核心组成部分。然而，在快速发展的过程中，个人信贷的风险管理仍没有形成独立的、全面有效的风险管理模式，随着个人信贷规模的不断扩大，风险也日益暴露。尤其是近几年，商业银行个人信贷业务出现了区域性风险加剧、行业性风险突出并蔓延、房地产市场分化潜在系统性风险增加的情况，各银行的不良贷款余额和不良贷款率均呈现整体上升的态势，个人信贷风险已成为信贷业务进一步发展的重大不利因素，严重影响各大商业银行的经营发展。虽然个人信贷业务的风险是客观存在不可避免的，但商业银行完全可以运用科学、完善的信贷风险管理策略来控制和化解风险。本书从外部形势和政策原因、银行内部原因、借款人原因三方面分析了个人信贷的风险原因，并提出个人信贷风险管理的对策。

一、外部形势和政策原因

1. 经济周期的影响

在全球经济下行以及中国经济进入"三期叠加"的新常态背景下商业银行的资产质量在此过程中受到了严重影响。银行业不良贷款额连续攀升，信用风险事件频发，利润急剧下降，拨备覆盖率进一步降低，商业银行信贷风险管理面临着前所未有的压力，其中个人信贷风险管理形势极为严峻。

首先，经济增长与资产不良率呈负相关。不同经济周期阶段与资产质量变化有很强的相关性，经济环境变化是决定客户违约率的最重要变量。其次，因为信贷市场的信息不对称性和理性预期的存在，使银行信贷业务具有明显的顺周期性。通常来看，在经济繁荣期，货币供应提速、信贷投放增加，借款人偿付能力因充裕的流动性而有所增强，但持续宽松的环境导致过度负债，或使失去实际用途支撑的信贷资金流入资产交易环节，最终导致信贷收紧后资金链承压甚至断裂，为银行资产质量埋下重大的隐患；当经济开始下行，企业经营恶化、个人及家庭收入减少，借款人偿付能力不足，其利息负担和降息预期也会降低其偿付意愿。利率调整滞后于宏观经济变化，使偿债能力与负债成本发生偏离，对银行的信贷资产质量形成压力。个人贷款业务的快速扩张为当前银行资产质量恶化和风险管理承压埋下了隐患。

综上所述，当前个人信贷不良率上升，整体资产质量下降是宏观经济调整的结果，是符合经济周期运行规律的正常现象。在现在所处的经济周期阶段，要辩证地处理银行的个人信贷业务发展和风险管理之间的关系，要控制贷款规模和调整贷款结构。

2. 信贷法律体系的不完善

（1）我国没有单独针对信贷业务的法律，更不用说针对个人信贷业务的法律。目前，个人信贷业务相关的法律体系只是各类相关法律法规中有关信贷业务的规定的简单累加，无法满足个人信贷业务系统性、专业性和复杂性的要求。商业银行信贷业务运作中主要依据的法律有《商业银行法》《银行业监督管理法》《担保法》《物权法》《合同法》以及相关司法解释等。相关的部门规章主要有中国人民银行以及中国银行业监督管理委员会颁布的《贷款通则》《商业银行授信、授权管理暂行办法》等。《贷款通则》作为个人信贷业务规范的核心准则只是部门规章，无法统筹其他法律法规共同发挥作用，银行个人信贷业务的创新缺乏完善的法律体系的支撑，已成为制约银行个人信贷业务发展的"瓶颈"。

（2）微观信贷法律制度不健全。对于信贷业务涉及的某些重要法律制度也缺少较为完善的规定。例如，合同告知义务等。司法解释和法律修订等也需要进一步完善。以社会热议的夫妻共同债务为例，根据中国裁判文书网数据统计，近年来借贷纠纷案件逐年高发，各地法院对认定"夫妻共同债务"的标准仍有差异。而对于商业银行个人信贷业务而言，若借款人贷款被判定非夫妻共同债务，银行主张债权和资产保全的难度就会加大，不良贷款损失就可能增加。

3. 我国信用体系的不完善

相比较美国征信体系的完善性，我国信用体系仍处于一种群雄割据的战国时代。商业银行对于借款人及家庭的收支和财务情况只能是通过借款人提供的收入证明、纳税记录、社保缴纳等资料获取，对借款人过往的信用记录仅仅是通过人行征信记录、法院执行信息进行判断，小微企业经营信息也仅能查询工商信息。而对于借款人在公安系统是否存在违法违规事项，在电力、电信、自来水、天然气等系统是否存在缴费欠款，是否存在民间借贷等情况银行均未能获取到。使商业银行对个人收支、财务、信誉等情况都缺乏有效核实、跟踪和监控的手段。另外，也因为借款人恶意逃废债产生的不良信用信息影响的局限性，使借款人违约成本相对较低，借款人还款意愿风险加大，容易产生违约风险。居民快速提高的商品意识、金融意识和落后的信用意识的矛盾性凸显，信用体系不完善成为银行个人信贷业务的风险之一。

4. 同业市场竞争

个人信贷业务作为银行未来的核心利润点，已成为各家银行必争之地。有限的信贷需求，众多的银行机构，趋同的信贷产品，使个人信贷业务的市场竞争显得尤为激烈。在这种竞争压力下，就形成了要求银行为了抢占市场份额而将很多风险控制卡在底线上，使个人信贷业务风险加大。银行本可以通过自身的授信要求或差异化定价来避免或控制这部分风险，但在实际业务中，却受制于市场竞争的压力很难实现。其中特别是二手房按揭业务，因为房产中介是银行主要的二手房业务获客渠道，大型合规的房产中介基本与所有银行都有合作关系，在产品趋同的情况下中介会通过放款效率和流程便利程度来选择合作机构，但如果银行本身的首付要求高、利率要求高、资料要求复杂、审核通过率低的话，中介出于其销售的目的，会倾向于不与这类银行合作，银行就会彻底退出合作渠道和部分市场。依靠执行低的风险控制要求去实现业务的快速扩张给银行的个人信贷业务带来了潜在风险。

二、银行内部因素

无论是经济周期还是信用体系建设，上述的外部形式和政策原因都是银行的共性问题，在个人信贷风险管理中更应该关注银行的内部因素。

1. 组织架构不完善

支行的个人信贷业务发展战略、业务布局都应该在支行研究分析的基础上决定，而不是盲目地按照总行的要求。盲目追求规模扩张，抵押贷款市场有限，就全力推动弱担保贷款，不细致分析行业特征，符合授信条件的就受理，不考虑后续市场成熟度、政策制度和信用环境对催清收工作的影响。例如，联保互保等有效降低借款人个体风险的担保方式，在经济下行周期中却形成了更为严重的集群风险，而发生风险后有效处置的手段却不足。在实际业务中，政策风险和市场风险不同程度地被忽视，个人信贷业务就围绕着"考核""费用"和"创利"来发展。

2. 员工问题

员工的综合素质能力问题也是一方面原因。银行客户经理趋于年轻化，年轻除了代表着活力和创新之外，在很大程度上也代表着经验的缺失和知识的不足。负责业务开发和贷前调查的客户经理团队很多是应届大学毕业生入职的。并且因为人员不足，很多基本还没有经过培训就直接开始协助业务操作，边干边学，甚至倾向"作坊式"师傅带徒弟的学习模式。作为负责客户准入甄别、合同文本签署等工作的业务人员，不说了解客户经营的行业特点，对《合同法》《担保法》《物权法》也都一无所知。面对坐在客户身边的配偶签字视若无睹、面对客户从别处拉来的冒充库存无从识别、面对未达到表决通过的股东份额的股东会决议茫然无知等，这些都是员工素质达不到业务要求的案例。负责贷款审批环节的员工年龄会相对大一些，尽管对工作经验有较高的要求，但也同样存在着对于客户全面了解经营行业不够，表现对风险预判能力偏弱的现象。

三、借款人的原因

1. 借款人的还款能力不足

借款人还款能力不足主要有以下几个方面原因：受经济增速放缓和供给侧结构性改革的影响，很多受到冲击行业的借款人经营情况恶化、收入减少，直接导致无力偿还贷款；上下游企业资金链断裂，应收账款未能按时收回；资金外借未能按时收回；替他人担保导致资产查封等。

2. 借款人道德风险

借款人以不归还贷款为目的向银行申请借款，通过不正当的手段从银行骗取其根本无力偿还或超出其偿还能力的贷款，使银行信贷资产蒙受严重损失。常见的手段有伪造身份、伪造收入、伪造资产、重复抵押、外逃、转移资产等。

3. 个人信用意识淡薄

世贸组织总干事穆尔曾经尖锐地指出，"中国加入世贸组织后，从长远来看，最缺乏的不是资金、技术和人才，而是信用，以及建立和完善信用体系的机制"。可见我国信用体系的不完善和信用机制的落实已经成为国际国内极为关注的问题。它直接导致了国民的信用意识淡薄，加之法制的不健全，缺乏行之有效的失信处罚机制，违约成本低，是借款人并不关注自己的信用记录，也不在意自己的失信行为。形成了有还款能力的借款人不按时履行还款义务或出现逃废债的行为，成为我们常说的"老赖"。有还款能力的借款人的失信行为对银行的信贷资产安全形成极大的威胁。

第五节　信贷过程风险管理的基本思想

由于信贷风险是导致金融危机的主要渠道之一，且其贯穿于整个信贷过程，因此，有必要加强信贷过程风险管理，本书提出了信贷过程风险管理概念和思想。

一、信贷过程风险管理的目标

1. 信贷过程风险管理概念的提出

信贷过程风险管理，是指银行在贷款前、中、后三个阶段从调查、审查审批、发放到回收的全过程管理，是对风险识别与度量、决策与控制全过程的一致性管理，是对信贷业务各环节的连续而动态的过程管理。其要求风险控制过程的完整性和系统性，不能孤立研究风险控制的某个环节。这必然形成严密的风险识别、预警和处置体系，把风险限制在可容忍区间。其目的是确保信贷资产不受或少受损失，用最低成本分散或转嫁风险，将信用风险、操作风险、流动风险和市场风险等消灭于萌芽之中。信贷过程风险管理主要包括贷前的信贷风险识别、贷后的动态预警和不良贷款的处理三个阶段。这主要体现在以下三个方面：

（1）加强贷前风险识别和监测。加强行业分析和行业调研，完善借款人信用评估与授信机制，优化信贷投向，前移风险关口，从源头上防范风险。

（2）优化贷后管理，构建风险预警机制。强化对借款人有关财务、信用和抵押物价值等信息的动态跟踪，提高主动识别隐性风险的水平，构建信贷风险的早期预警体系。同时要借助各种现代科技手段，加强岗位责任制，搭建规范的风险管理平台。

（3）加强不良贷款风险管理。银行要重点控制新增不良贷款，需要强化全行员工的风险控制观念，构建分支机构集体决策、上下联动的风险快速反应机制，将风险消灭于萌芽之中，实现风险管理的事后处置向事前化解转变。

2. 信贷过程风险管理的目标

银行信贷过程风险管理目标包括宏观和微观目标。微观目标包括以下三个方面：

（1）实现粗放型向集约型转变和以信贷规模为核心向以信贷风险防范为核心转变，这种转变适应了市场经济发展的需要，提高了信贷资产质量。

（2）优化存款和贷款的规模和结构，改善信贷资产盈利水平，同时降低信贷资产整体风险水平。

（3）构建全过程的分析方法、指标体系以及防控制度，以便准确而灵敏地反映、评价以及预测银行信贷风险，该目标是信贷管理的目标。

银行信贷过程风险管理的宏观目标是指稳定货币价值，规范信贷活动，改善信贷效益和推动经济发展。该目标大多数是一些定性指标，与我国财政货币政策目标相一致。

二、信贷过程风险管理的原则

1. 预防性

由于信贷风险是现代经济中不可避免的风险，只能减少不能消灭。所以信贷过程风险管理应确立以预防为主的思想，这就需要银行审慎甄别信用状况，搞好风险识别及贷前风险量决策；完善贷款三查，加强动态预警，健全信贷过程风险控制制度，确保信贷资金安全。

2. 安全性和经济性相结合

安全性包括两个方面：一方面，指银行资产规模要与其经营以及风险管理水平相协调，不要急于"铺摊子"；另一方面，指银行的目标是保持足够的盈利，确保可持续发展。经济性是指信贷过程风险管理的成本应低于其所带来的收益。经济性与安全性通常是矛盾的统一体。经济性越好，安全性可能就越差，反之亦然，但两者又是统一的。一方面，注重安全性是为了避免过度冒险，在得到较高收益的同时，尽量减少风险；另一方面，若信贷风险较大，会使收益降低，因此，注重安全性是取得更高收益的保障。

3. 弹性和严密性相结合

为了便于信贷管理人员灵活处理各种信贷业务，银行应制定有弹性的制度。一方面，银行需要对信用优良，且有长期合作关系的客户，在保证、定价以及期限等方面提供宽松的条件，可是该优惠条件应由制度确定，而不是根据贷款决策者的主观意愿来确定；另一方面，信贷管理人员对信贷识别、决策、预警以及信贷评级等承担最终责任。此外，信贷风险管理和内部控制机制应该有很强的严密性，任何人不得超越制度权限。

4. 创新性

银行的风险识别、动态监控以及不良资产管理的技术与方法等与时俱进，持续创新，这是由经济体制以及经营环境等因素决定的。

三、信贷过程风险管理的思想与框架

1. 信贷过程风险管理思想

银行信贷过程风险管理思想包括贷款前的风险规避；贷款之后的风险预防、风险分散与转嫁、贷款到期之后的风险补偿等风险管理思想，这些思想是与巴塞尔协议一致的。

（1）风险规避思想。即指银行在信贷过程风险管理中对信贷风险高的业务运用就轻避重的处理方法。主要包括：①为了规避汇率风险，在办理外汇业务中应灵活选择货币种类，结合利率和汇率相关度、货币软硬等因素确定货币种类；②为了规避信用风险及市场风险等，银行应向风险较小，财务状况良好且盈利能力强的企业及项目发放贷款；③短期化资产配置，期限越短，利率风险和流动性风险越低，反之亦然。

（2）风险预防思想。即指在发放贷款后，在信贷过程管理中加强对风险因子的动态监控，当由预警指数衡量的信贷风险暴露到一定程度时，需要采取措施避免资产恶化，主要包括：①健全信贷业务流程，加强贷后检查；②信贷风险内部评级；③健全风险预警机制；④强化贷款分类等。

（3）风险分散思想。即指银行在信贷过程风险管理中分散信贷资产。马可维茨的资产组合理论"不把鸡蛋放在同一个篮子里"意味着多元化的投资策略能在收益固定时，将风险最小化；在风险一定时，将收益最大化。主要包括：①客户的风险分散；②投资工具的风险分散；③风险主体（例如，银团贷款）、资产期限和种类的风险分散；④国别的风险分散（例如，美国次贷的全球配售）等；⑤币种的风险分散。

（4）风险转嫁思想。即指银行在信贷过程风险管理中，通过专门的财务运作，将潜在信贷风险转嫁于其他市场主体，从而化解信贷风险。但信贷风险转移要花费一定成本。其转嫁形式包括：①向债务人转移。在发放贷款时，银行可以和债务人签订浮动利率贷款合同，也可以保证债务人的抵押品还本付息。②向公众转移。银行可将贷款转变成能转让流通的证券（即资产证券化），进而把信贷风险转嫁给证券买方（例如，美国次贷证券资产）。③向保险机构转移（例如，美国信贷机构向美国全球最大保险公司 AIG 购买了次贷保险），银行既可以向保险公司购买贷款保险，又可以要求债务人向保险公司购买信用保险，这样，一旦出现损失，银行就能从保险公司获得补偿。④向第三方转嫁。在放款时，需要有

担保人，以确保在贷款无法偿还时，能够向担保人追偿。

（5）风险补偿思想。无论上述哪种思想，损失总以一定的概率存在，所以在风险管理中银行有必要进行风险补偿。即在产生损失或不良贷款后，可使用如下方法进行补偿：①在未损失之前，采用抵押以及担保等先补偿策略；②在利润中提取一定量的拨备金；③在产生不良贷款后，根据风险损失程度，计提相应的损失准备金，若确实无法收回，则向第二还款来源即担保方进行追偿，或用质押品（抵押品）拍卖所得收入补偿其损失；④运用自有资本金补偿风险，这是迫不得已采取的方法；⑤在贷款定价时，把风险囊括在内，用全部风险报酬弥补部分风险损失。

2. 信贷过程风险管理框架

信贷过程风险管理是由贷款前风险识别、量化和检查、贷款之后风险预警以及不良贷款的风险管理等构成的所有阶段的整个风险管理过程，信贷过程风险管理框架如图 2 - 3 所示。

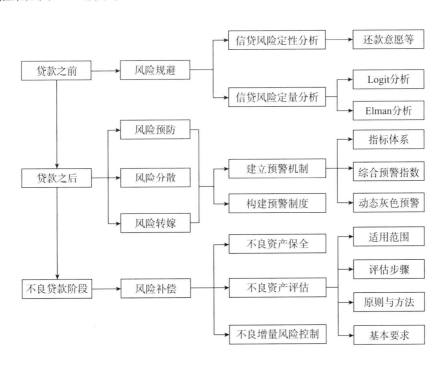

图 2 - 3　信贷过程风险管理框架

四、信贷过程风险管理的内容及重点

1. 信贷过程的风险管理内容

其内容包括以下五个方面：

（1）商业银行贷款前信贷过程风险识别及量化模型构建。着重评估定量分析对微观（银行）信贷风险管理的适用性，首先，对信贷风险进行识别分析；其次，介绍逻辑斯蒂回归模型（Logit）和神经网络模型（Elman），以期对我国商业银行信贷过程风险管理展开深入研究。

（2）贷款后信贷过程风险管理动态预警体系构建。首先，由于银行不可能完全确保贷后信贷风险为零，所以笔者从信贷过程后风险预警着手，提出信贷风险的动态预警理论及方法，站在商业银行角度，充分考虑企业财务因素和非财务因素，建立商业银行信贷风险预警指标体系；其次，采用层次分析法厘定各指标权重，进而构建信贷风险预警模型，得出信贷风险预警综合指数，这为贷后风险分类管理奠定了理论基础；最后，运用灰色预测理论，建立风险动态预测模型，从而增强了预警机制的实用性。

（3）不良信贷资产风险管理研究。我国商业银行不良资产规模依旧庞大，处置手段及方法单一。不良资产既削弱了银行抵御风险的能力，又会给金融体系以及国民经济的稳健运行带来负面影响。所以，如何有效化解商业银行不良资产，就成为商业银行的重要任务。本章运用假设清算法对不良资产进行评估并提出相应的保全体系。同时为了控制不良资产增量风险，笔者提出了一系列应对策略。

（4）信贷过程风险管理防范和控制策略研究。在适时监控过程中，商业银行要在完善企业 G2B 信息、信贷资产的资本准备、定价和证券化、信贷风险分散、对冲和转嫁等各个方面不断改进信贷过程风险管理水平。

（5）信贷过程风险管理实证研究。首先，笔者介绍案例背景；其次，运用前面的信贷过程风险管理相关理论对案例进行贷前风险量化、贷中风险预警及贷后不良信贷资产管理实证剖析。

2. 信贷过程的风险管理重点

首先，信贷过程的风险管理着重从财务方面加强贷前风险识别和测度；其次，结合五级分类思想，从分类预警指标体系设计及分类预警综合指数构建方面强化贷后风险的动态分类预警管理以及从存量风险和增量风险控制方面不断完善不良资产风险管理，尽量避免或减少不良贷款的出现。

第六节 信贷过程的主要风险点

信贷过程包含贷前、贷后和不良贷款三个阶段，每个阶段都蕴含一定的风险，都需要进行相应的风险管理，各个阶段的风险点如表 2-4 所示。

表 2-4 信贷过程的主要风险点

信贷过程	信贷分类	风险点
贷前		（1）借款人是否有足够的偿还能力
		（2）借款人的信用处于哪一个级别
贷后	正常类	借款人没有问题贷款，能按期履行贷款合同
	关注类	（1）贷款的抵（质）押品价值下降
		（2）借款人不与银行密切配合，还款意愿较差
		（3）借款人贷款用途不规范；经营管理很混乱
		（4）借款人的一些主要指标处于行业下游或下降幅度较大
		（5）借款人经营利润及销售收入下降，流动性不足
		（6）净现金流为正，但呈递减趋势
		（7）银行信贷管理欠佳
	次级类	（1）采取非法手段骗取贷款
		（2）经营欠佳，影响及时偿还贷款
		（3）无法偿还其他债务
		（4）现金流短缺，很难得到新的资金
	可疑类	（1）借款人通过重组、兼并和合并等，仍无法偿还贷款
		（2）借款人停产或半停产
		（3）投资项目缓建或停建
		（4）借款人已经资不抵债
		（5）银行等机构以法律手段回收贷款
	损失类	（1）抵押品变现难或价值很难确定
		（2）抵（质）押品价值比贷款数额小
		（3）借款人停止经营管理
		（4）投资项目停工时间长，复工无望

续表

信贷过程	信贷分类	风险点
不良	存量	不良资产处置风险（偿还比例）
	增量	贷款质量级次下降或不良贷款规模扩大

第七节　本章小结

商业银行在金融市场的经营不仅给自己带来了风险，而且还可能传播给其他参与主体，在严重时可能引致世界性金融危机。鉴于此，首先，本章对商业银行信贷风险管理现状进行了分析，并指出了存在的问题；其次，分析了信贷风险的表现以及特征，界定了信贷风险和信贷过程风险管理的概念，提出了信贷过程风险管理的原则及管理思想，指出了信贷过程的主要风险点、关键指标及应对措施，为信贷过程风险管理——贷前风险管理的研究奠定了理论基础。

第三章　经济下行压力加大条件下商业银行信贷风险的识别和测度

信贷过程风险管理的第一个阶段是贷款前的贷款决策，由于信用风险此时是最主要的风险，为了提高银行经营业绩，商业银行需要有效地对目标企业进行风险识别和测度，把握风险水平。

第一节　商业银行信贷风险的识别

信贷风险识别不仅适用于贷前，也适用于贷后。在不断借贷中，经济环境等各种因素相互影响会滋生信贷风险，产生信贷风险的影响因素包括借款人（企业）、放款人（商业银行）以及环境等因素。这里从借款人角度进行风险识别。

一、借款人的还款意愿

银行在开展信贷风险分析过程中，可以通过借款人守法经营以及偿债记录等，判断其还款意愿。借款人还款能力是决定贷款偿还的关键，但在我国征信制度不健全的情况下，还款意愿也是决定贷款偿还的重要指标。部分逾期贷款的形成是因为借款人"有钱不还"，而不是因为借款人缺乏还款能力。

二、借款人的经营管理

商业银行在开展借款人经营管理能力分析时，可从以下五个方面着手：

（1）综合特点。借款人的综合特点包括企业的发展阶段、产品多样性以及经营管理策略等。通过分析借款人的综合特点来衡量其营运风险。

（2）市场以及产品。在分析借款人综合特点后，分析其市场和产品状况。可以通过市场竞争度、客户集中度、价格驾驭水平等对市场风险展开分析；通过产品适用性以及独特性对产品风险展开分析。

（3）采购。可以重点通过购买数量、原材料价格以及购货渠道等对借款人的采购风险展开分析。

（4）生产。可以通过生产周期、技术状况、抗风险能力以及劳资关系等分析借款人生产风险。

（5）销售分析。可以通过销售领域、促销水平以及销售应变力等对销售风险展开分析。

三、借款人的财务状况

借款人财务状况是衡量借款人偿还能力的核心指标，信贷风险的形成和借款人的还款能力关系密切。银行应该使用资产负债表以及损益表分析借款人财务状况。财务分析主要包括以下五个方面：

（1）盈利能力分析。关键指标为净资产收益率和总资产净利率。这反映了企业的综合盈利能力，净资产收益率揭示了企业自有资产的盈利能力，而总资产净利率则反映了企业所有资产的盈利水平，盈利能力越强，信贷风险就越低。

（2）经营能力分析。关键指标为应收款周转率和存货周转率，这两个指标越优良，说明企业处理应收账款和处理存货的速度越快，经营能力越强。

（3）流动性分析。这可以用速动比率、流动比率以及资产负债率等指标反映。速动比率是现金、有价证券以及应收账款和流动负债的比率。而流动比率是流动资产和流动负债的比率，范围要比速动比率宽一些，是衡量流动性最重要的指标。该值越大，债权人的风险越低。流动比率为 2 是我国公认的标准，可对于那些财务报表真实、业绩优良且流动资产质量高的企业来说，流动比率可以放宽要求。资产负债率是总负债与总资产的比率，该值越大，说明企业负债金额较大，偿还能力较差；反之，偿还能力较强。

（4）发展能力分析。衡量的关键指标包括市场占有率和资本保值增值率。市场占有率越高，说明企业规模和实力越强，发展能力越强；资本保值增值率越高，说明企业运用资本的能力越高，发展能力越强。

（5）报告需列示填表日期及审计情况。若其已经审计，需列示审计单位。

若未经审计，信贷管理人员（客户经理）需列示其来源及真实性评价。

财务分析除以上几个主要方面之外，还包括对利息保障水平、销售及盈利水平、财务报告质量以及资产周转能力等的分析。

第二节　基于 Logit 的商业银行信贷风险测度

一、理论基础

在信贷过程初期，即发放贷款之前，度量企业经营成功与失败（等价于贷款成功和失败）是一个两分类变量，作为两分类因变量的企业经营状况的概率取值在 0 ~ 1，但在线性模型条件下，不能保证自变量；在各种组合下，因变量的取值仍在 0 ~ 1。解决该问题的办法可通过对因变量作 Logit 转换，使其取值范围在 $-\infty \sim +\infty$，这样就可以用 Logit 回归方法研究企业经营状况与财务之间的关系。与判别分析相似，Logit 回归方程可以将企业的资产负债率等财务指标转换为企业在一定期限内的预期违约概率，以此判断和预测企业的违约风险大小，从而决定是否向这家企业贷款。该节讨论企业信贷违约与信贷守约两种状况，如果企业信贷违约发生，其取值为 0；如果企业经营正常，履行合同，其取值为 1。

通过 Logit 回归模型的分类识别，提高了贷前信贷风险的精细化管理水平，使信贷风险管理更加科学合理，信贷风险识别能力显著提升，防控信贷风险更加及时有效。

二、效用模型的建立

1. 原始模型

对于上述信贷违约与守约的二元选择问题，可以建立如下计量经济学模型：

$$Y = XB + \mu \tag{3-1}$$

其中 Y 表示观测值 1 和 0 的决策被解释变量，1 和 0 分别表示贷款成功与失败，X 表示解释变量，包括贷款成功与失败的企业信用指标，B 表示待估参数，表示各项信用指标对决策被解释变量的影响程度，μ 表示误差项，服从均值和方差为 0 的假设。整个模型包括选择对象所具有的属性和选择主体所具有的属性。在模型式（3 - 1）中，对于 $y_i = X_i B + \mu_i$，因为 $E(\mu_i) = 0$，所以 $E(y_i) =$

$X_i B$。令：

$$p_i = P(y_i = 1) \qquad 1 - p_i = P(y_i = 0)$$

于是：

$$E(y_i) = 1 \cdot P(y_i = 1) + 0(y_i = 0) = p_i$$

所以有：

$$E(y_i) = P(y_i = 1) = X_i B$$

p_i 表示 $y_i = 1$ 的概率，对于该式右端的 $X_i B$，并没有处于 $[0, 1]$ 范围内的限制，实际上很可能超出 $[0, 1]$ 范围内；而对于该式右端的 $P(y_i = 1)$，则要求处于 $[0, 1]$ 范围内，于是上式产生了矛盾。另外，对于随机项，有：

$$\mu_i = \begin{cases} 1 - X_i B & \text{当 } y_i = 1，其概率为 } X_B \\ -X_i B & \text{当 } y_i = 0，其概率为 } 1 - X_B \end{cases}$$

显然，具有这种概率结构的随机干扰项具有异方差性。由于存在这两方面的问题，所以模型式（3−1）不能作为实际研究信贷风险二元选择问题的模型。

2. 效用模型

为了使信贷风险二元选择问题的研究成为可能，我们必须首先建立信贷风险随机效用模型。

以某企业（决策个体）贷款违约和守约的选择问题为例。如果某一个体选择贷款守约即履行贷款合同，他的效用为 U_i^1，上标 1 表示选择结果，下标 i 表示第 i 个个体。该效用是随机变量，并且由履行贷款合同所具有的属性和决策个体所具有的属性解释。

$$U_i^1 = X_i B^1 + \mu_i^1 \tag{3−2}$$

如果某一个体选择贷款违约，他的效用为 U_i^0，该效用是随机变量，并且有贷款违约所具有的属性和决策个体所具有的属性解释。于是有：

$$U_i^0 = X_i B^0 + \mu_i^0 \tag{3−3}$$

请注意，在模型式（3−2）和式（3−3）中，效用是不可观测的，我们能够得到的观测值仍然是选择结果，即 1 和 0。但是很显然，如果不可观测的 $U_i^1 > U_i^0$，即对应于观测值为 1，因为该个体选择履行贷款合同效用大于选择贷款违约的效用，他当然要选择履行贷款合同，意味着贷款成功。相反，如果不可观测的 $U_i^1 \leq U_i^0$，即对应于观测值为 0，因为该个体选择贷款违约效用大于选择履行贷款合同的效用，当然要选择贷款违约，这种形式意味着贷款失败。

将式（3−2）和式（3−3）相减：

$$U_i^1 - U_i^0 = X_i(B^1 - B^0) + (\mu_i^1 - \mu_i^0)$$

记为：

$$y_i^* = X_i B + \mu_i^* \qquad (3-4)$$

这就是我们要研究的信贷风险（信贷违约与守约）二元选择模型。这是一个线性模型，其中 y_i^*、X_i、B、μ_i^* 分别表示模型的被解释变量、解释变量、待估参数和随机干扰项。

再看个体在选择履行贷款合同时 $p(y_i = 1)$ 的概率。显然应该有：

$$p(y_i = 1) = p(y_i^* > 0) = p(\mu_i^* > -X_i B) \qquad (3-5)$$

3. 最大似然估计

欲使模型式（3-4）可估计，就必须为 μ_i^* 选择一个特定的概率分布。一种是 Probit 分布，另一种是 Logit 分布。

对于 Logit 分布，由于它是对称的，存在：

$$F(-t) = F(t)$$

其中 $F(t)$ 表示信贷风险概率分布函数。于是式（3-5）可以改写为：

$$p(y_i = 1) = p(y_i^* > 0) F(X_i B) = p(\mu_i^* \le X_i B) L = 1 - F(-X_i B) = F(X_i B) \qquad (3-6)$$

至此，可以得到模型式（3-7）的信贷风险似然函数

$$p(y_1, y_2, \cdots, y_n) = \prod_{y_i=0} [1 - F(X_i B)] \prod_{y_i=1} F(X_i B) \qquad (3-7)$$

即 $L = \prod_{i=1}^{n} [F(X_i B)]^{y_i} [1 - F(X_i B)]^{1-y_i} \qquad (3-8)$

信贷风险对数似然函数为：

$$\ln L = \sum_{i=1}^{n} \{y_i \ln F(X_i B) + (1 - y_i) \ln [1 - F(X_i B)]\} \qquad (3-9)$$

该信贷风险对数似然函数最大化的一阶条件为：

$$\frac{\partial \ln L}{\partial B} = \sum_{i=1}^{n} \left[\frac{y_i f_i}{F_i} + (1 - y_i) \frac{-f_i}{1 - F_i} \right] X_i = 0 \qquad (3-10)$$

其中 f_i 表示信贷风险概率密度函数。在样本数据的支持下，如果知道式（3-10）中的信贷风险概率分布函数和信贷风险概率密度函数，求解该方程，就可以得到信贷风险二元选择模型参数估计量。

三、指标体系及贷款风险系数的确定

1. 确定风险评价指标的原则

借款人（企业）信用状况是经济环境中许多因素综合作用的结果。为了完

善经济结构、优化资源配置以及规范资金流向，当银行评价借款人信用时，需要将其置于一定的参照体系里，以借款人信用状况为标识，两两权衡比较，进而确定借款人的相对信用水平。银行应该按照实用、开放、全面和简约的原则，确定信用评价指标，主要包括以下四个方面：

（1）实用性原则。即确定的指标要有科学的数据来源，且所设指标要在科学合理的前提下，方便操作。银行必须根据中国当时的业务核算、统计和会计的现实状况确定指标。

（2）可比性原则。依据可比性原则设定指标是很重要的。借款人信用评价指标应该有普遍的统计价值。当选择指标时，不仅要确保横向的可比性，从而实现借款人信用状况的行业对比、地区对比及国际对比；而且还要确保纵向可比，进而实时揭示借款人的信用变化过程和规律。

（3）集约性原则。指标数目要适当，若评价指标太少，会使信用评价失效；若评价指标太多，会使评价过于复杂。选择的指标应有很强的信息集聚能力。

（4）层次性原则。为了能够真实而全面地揭示借款人的信用状况，选择的指标应尽可能从不同角度和层次概括借款人信用状况的全部评估元素。

2. 风险评估指标体系的构建

该指标体系同样适用于基于神经网络的风险识别和量化。科学选择企业信用评价指标是准确评价企业信用的基础和前提。

企业信用评价既和企业财务状况相关，又与资信状况（包含还款意愿与还款记录）等定性指标有关。在一定程度上，企业的财务危机会引起信用危机，产生信贷风险；同时，信用危机又反过来深化其财务危机。因此，在考察企业的信用时，将企业财务因素和非财务因素结合起来，既透过现象看本质，又通过本质看现象，从而提高信用评价的准确性。我们从年报中选取主要的财务指标和通过专家在［0，1］区间打分的定性指标来测试和评判 Logit 离散信贷风险选择模型的可行性，从而评价企业的信用状况。

本书依据中国当前的信用指标体系，以企业利益相关者关注的指标为出发点，将评价指标划分为盈利能力、经营能力、偿债能力、发展能力和资信状况五类。这些指标全部来自各个企业的财务报告和中国企业资信网（www. ciebb. com）。最后模型的输入值为各大指标下小指标的加权平均数。具体指标如表 3 - 1所示。

表 3 – 1 风险评估指标体系

战略层	风险评估指标体系				
准则层	盈利能力	经营能力	偿债能力	发展能力	资信状况
指标层	净资产收益率 X_1 总资产净利率 X_2	应收款周转率 X_3 存货周转率 X_4	资产负债率 X_5 流动比率 X_6 速动比率 X_7	市场占有率 X_8 资本保值增值率 X_9	偿还记录与意愿 X_{10}

3. 贷款方式风险系数的确定

中国商业银行的贷款方式包括抵押、担保和信用贷款三种。在其他条件既定时，不同的贷款方式蕴含不同的风险水平，其风险系数如表 3 – 2 所示。

表 3 – 2 贷款方式风险系数

贷款方式	风险系数	贷款方式	风险系数
一、信用贷款		3. 依法可设定抵押权的房产	0.5
1. 信用贷款透支	1.0	4. 股票、股权	0.5
二、担保贷款		5. 现汇	0.1
1. AAA、AA 级企业	0.5	6. 政府债券	0
2. 国家大型或特大型企业	0.5	7. 金融债券	0.1
3. 国有商业银行及政策性银行	0.1	8. 其他有价证券	0.5
4. 其他银行金融机构	0.2	9. 国有银行承兑汇票	0.1
5. 非银行金融机构	0.5	10. 其他银行承兑汇票	0.2
6. 其他担保	0.8	11. 人民币定期存单	0
三、抵押贷款		12. 依法抵押的其他财产抵押	0.5
1. 楼宇	0.5	13. 其他抵押	0.8
2. 营运车辆	0.5		

四、信贷风险离散选择模型的建立

信贷风险 Logit 模型是将逻辑分布作为式（3 – 5）中 μ_i^* 的概率分布而得到的。Borsch-Supan 指出，如果是按照效用最大化进行，具有极值的逻辑分布是较好的选择，这种情况下的信贷风险二元选择模型应该采用 Logit 模型。信贷风险逻辑分布的概率分布函数是：

$$F(t) = \frac{1}{1 + e^{-t}} \qquad (3-11)$$

信贷风险概率密度函数是:

$$F(t) = \frac{e^{-t}}{(1 + e^{-t})^2} \qquad (3-12)$$

式 (3-11) 可以改写为:

$$F(t) = \frac{e^{-t}}{1 + e^{-t}} = \Lambda(t) \qquad (3-13)$$

这里 Λ 是通常用来表示逻辑分布的概率分布符号。式(3-12)可以改写成:

$$f(t) = \frac{e^{-t}}{(1 + e^{-t})^2} = \Lambda(t)[1 - \Lambda(t)] \qquad (3-14)$$

五、信贷风险离散选择模型的参数估计

1. 重复观测值不可获得情形下模型的参数估计

在重复观测值不可以得到情况下,将式(3-13)和式(3-14)代入式(3-10),得到:

$$\frac{\partial \ln L}{\partial B} = \sum_{i=1}^{n} \left[\frac{y_i f_i}{F_i} + (1 - y_i) \frac{-f_i}{1 - F_i} \right] X_i = \sum_{i=1}^{n} [y_i - \Lambda(X_i B)] X_i = 0 \quad (3-15)$$

式 (3-15) 是关于 β 的非线性函数,不能直接求解,需采用完全信息最大似然法中所采用的迭代方法。同样,这里所谓"重复观测值不可得到",是指对每个决策者只有一个观测值。

2. 重复观测值可获得情形下模型的参数估计

在重复观测值可以得到情况下,同样可以采用广义最小二乘法估计二元 Logit 信贷风险离散选择模型。由式(3-11)可以得到:

$$\frac{F(t)}{1 - F(t)} = e^t \qquad (3-16)$$

同样,对于第 i 个决策者重复观测 n_i 次,选择 $y_i = 1$ 的次数比例为 p_i,那么可以将 p_i 作为贷款成功的真实概率 P_i 的一个估计量。于是有:

$$p_i = P_i + e_i = F(X_i B) + e_i \qquad (3-17)$$

其中, $E(e_i) = 0$

$$\mathrm{Var}(e_i) = \frac{p_i(1 - p_i)}{n_i}$$

用样本重复观测得到的 p_i 构成"成败比例模型":

$$\frac{p_i}{1 - p_i}$$

取对数并进行 Taylor 展开，有：

$$\ln \frac{p_i}{1 - p_i} \approx \ln \frac{P_i}{1 - P_i} + \frac{e_i}{p_i (1 - p_i)} \qquad (3 - 18)$$

在式（3 – 16）中，用 P_i 代替 F（t），再用 X_iB 代入 t，代入式（3 – 18），得到：

$$\ln \frac{p_i}{1 - p_i} \approx \ln e^{X_iB} + \mu_i \qquad (3 - 19)$$

令 $v_i = \ln \dfrac{p_i}{1 - p_i}$，则有 $v_i = X_iB + \mu_i$ $\qquad (3 - 20)$

$$V = XB + U$$

采用广义最小二乘法估计式（3 – 20），得到信贷风险影响因子的参数估计：

$$\hat{B} = (X'\hat{\Omega}^{-1}X)^{-1} X'\hat{\Omega}^{-1}V \qquad (3 - 21)$$

其中，$\hat{\Omega}$ 由贷款成功概率 P_i 的估计量 p_i 构成。同样，为了提高信贷风险参数估计量的质量，可以采用迭代方法反复求得 P_i 的估计量。V 的观测值不需要求解概率分布函数的反函数，而由实际观测得到的 p_i 直接计算得到。

第三节　基于神经网络的信贷风险量化

由于神经网络融入了专家思想，具有非线性以及泛化性特点，因此，本书在 Logit 模型基础上，运用神经网络对符合发放贷款要求的企业进一步评级，从而精确预测信贷风险，并以此确定贷款价格及其他贷款条件。

一、Elman 神经网络模型状态空间

Elman 网络由多个隐层与输出层组成，而且在隐层有反馈环节（承接层），隐层神经元可将 tansig 函数当成传递函数，将纯线性加权函数 purelin 当成输出层传递函数，网络性能函数和学习规则函数采用默认值，当然也可以在构建网络模型时由用户选择这两层神经元的其他传递函数。当神经元达到一定数量后，Elman网络模型结构能够确保网络以任意精度逼近所有非线性函数。

该模型非线性的状态空间向量关系式为：

$$O(l) = purelin(\gamma Z(l) + b_2)$$

$$Z(l) = tansig(\alpha Z_b(l) + \beta(I(l-1)) + b_1) \qquad (3-22)$$

$$Z_b(l) = Z(l-1)$$

在式（3-22）中，O、Z、I、Z_b 分别表示 n 维输出向量、m 维中间层向量、p 维输入向量以及 m 维反馈向量。b_1、b_2 分别表示输出层和中间层调节因子，α、β 及 γ 分别代表承接层到中间层、输入层到中间层及中间层到输出层的权值。

Elman 网络使用下面函数修正权值：

$$R(\alpha, \beta, \gamma) = \sum_{l=1}^{m} \left[O(l) \mid_{\alpha,\beta,\gamma} - \overline{O}(l) \mid_{\alpha,\beta,\gamma} \right]^2 \qquad (3-23)$$

二、基于 Elman 神经网络的评级模型

1. 模型输出和信用等级的转换

本书借助以下方法确定模型隐含层节点数范围，而后运用扩张法，通过不断试验以确定适当的节点数。其应处于输入与输出节点数总和的 50% ~ 70%。节点数 m（隐含层）<训练样本数 M（其中 $M>1$）。

模型输出节点数量和分类数量相关，如果某企业有 m 个信用等级，输出节点数为 $\log 2m$ 或 m。为了优化训练效率，通常把多输出评级模型变成单输出评级模型。在该思想指导下，对模型进行优化，根据专家打分思想，其不同取值与不同等级相对应，如表 3-3 所示，其中 $a_{ij} < a_{ii}$。

表 3-3　贷款分类评级模型的输出与信用等级的对应关系

信用等级	AAA	AA	A	B	BB
训练输出	$a_{11}\,a_{12}\,a_{13}\,a_{14}\,a_{15}$	$a_{21}\,a_{22}\,a_{23}\,a_{24}\,a_{25}$	$a_{31}\,a_{32}\,a_{33}\,a_{34}\,a_{35}$	$a_{41}\,a_{42}\,a_{43}\,a_{44}\,a_{45}$	$a_{51}\,a_{52}\,a_{53}\,a_{54}\,a_{55}$
应用输出	1 0 0 0 0	0 1 0 0 0	0 0 1 0 0	0 0 0 1 0	0 0 0 0 1

神经网络把符合贷款要求的企业信用水平划分成从低到高的 BB—AAA 五级，银行风险管理部门据此进行贷款定价和确定其他贷款条件。级数越高的，贷款条件越优惠；反之贷款条件越严格。

2. 误差临界值和收敛速度分析

在评级模型训练时，需要结合实际事先确定误差临界值 R，当 R 较大时，评级模型分类精度较高，可是训练次数增加，收敛速度较慢，反之亦然，因此，R 的确定应该在训练次数与分类精度两者之间权衡。我们可从表 3-2 确定评级模

型的误差界值 R 得知，这里以信用等级 A 为例，A 取值为 0.75，当把评级模型输出映射成信用等级时，区间 [0.7, 0.8] 的所有值对应 A 级，并运用最大差值表示模型输出误差。为了兼顾模型分类精度与收敛速度，确定模型的误差临界值 R 为 0.15。

对于 Elman 神经网络，其求解速度即为收敛速度，这里采用满足特定误差精度的学习次数表示，它与学习参数、样本数量以及数据特征等多种因素相关。动量因子 α、学习率 β 以及收敛误差界值 R 等参数影响训练速度，而学习率 β 必须在区间 [0, 1]；为了使模型不陷入局部极小点，模型增加了动量因子。动量因子 α 的取值应视具体情况，但一般比学习率 β 大且必须在区间 [0, 1]，α 的确定还应和权值修正值相关。

3. 神经网络模型的构建

这里用 Elman 神经网络模型输入与输出节点、隐含层以及隐含层节点数描述信贷风险评级模型，在该图中，输入节点数即为评估指标数目。该模型可由工具箱函数 Newelm 建立，该函数的调用形式为：

$$net = newelm(OP, [S_1, S_2, \cdots, S_n], \{TF_1, TF_2 \cdots TF_n\}, BFT, BLF, PF)$$

$$(3 - 24)$$

其中，OP 表示 P 维输入向量中每维的最小值与最大值即 [Pmin Pmax] 所生成的 $P \times 2$ 维矩阵；S_1 到 S_n 分别为各层神经元个数；TF_1 到 TF_n 表示各层神经元传递函数；BFT 表示网络训练函数，缺省值是 "traingdx"，也可以用 Purelin、Logsig 等可微的传递函数表示，本书采用 Purelin 函数；BLF 表示学习规则函数，缺省值是 "learngdm"；PF 表示网络性能函数，缺省值是 "mse"，在网络生成时，Elman 网络模型的初始函数为 initnw，即 Nguyen-Widrow 初始化规则，使用误差反向传播算法的学习函数进行网络训练，例如，trainrp、trainlm 等，如图 3 - 1 所示。

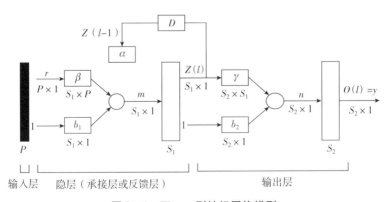

图 3 - 1 Elman 型神经网络模型

由此可见，构建确切的风险评级模型，不但要明确风险评级指标与信用等级两者的映射关系，而且要确定这些指标的权值。

第四节　完善贷前调查与审批

一、完善贷前调查

完善贷前调查主要体现在以下三个方面：

（1）一些信贷风险往往是由于一些银行在贷前调查时只重视借款人（企业）的还贷能力以及经营情况而忽视对借款人法人资格的道德调查造成的。因此，要着手建立对借款人法人资格的道德评估体系。按照一定标准，在评估体系里设定一系列评估指标，通过贷前调查，由专家对借款人法人资格的若干评估指标打分，对法人资格道德素质没有达标的客户，坚决不给贷款。

（2）抵押物价值高估往往也会产生信用风险的信贷风险。因此，银行要建立贷款抵押物的再评估组织并构建资产评估的人才培养机制，再评估组织对贷款抵押物评估结果的折扣比例进行科学测定，进而对贷款抵押物的实际价值进行综合评估。

（3）由于部分银行对借款人法人资格的认定不够重视，往往导致银行信贷风险扩大。所以银行必须建立对企业法人资格认定的贷前调查制度，建立和借款人开户银行以及工商税务部门的沟通机制，动态掌握借款人的经营情况，同时严格审查借款人的营业执照。

二、优化贷款审批

商业银行贷款审批包含审查和批准两道程序，审查和批准通常由不同层级的部门或人员完成。贷款批准由具有审批权的行长或副行长或信贷审批委员会执行，贷款审查由贷款审查岗即风险管理部门完成。

1. 完善审查内容

通过详细调查，信贷调查人员把有关借款人的资料进行整理分析，形成客观公正的结论。同时还要按要求完成审查审批书（调查报告），并连同借款申请等资料递交贷款审批部门，以待审批。审查内容主要有以下三个方面：

（1）审贷人资格的调查。

1）通过法人代表和高级管理者的员工和客户以及其在相关企业工作的品行来掌握其道德水平。调查申贷人是否经过年检以及法人资格认定，是否为工商部门注册的独立法人实体，如果不是独立法人则不予贷款。法人代表以及其他高级管理者的背景调查不能仅凭企业自身介绍，而应以工商部门的登记信息为基础；对申贷人学识水平的证明应以原件为准，并通过教育行政机构进一步确认。

2）调查申贷人合法合规的凭证是否齐全，是否能承担相应法律责任。对没有或限制行为能力者以及证件不全者一律拒绝贷款。

（2）除了审查借款人的盈利能力、经营能力、偿债能力和发展能力与财务指标有关的因素之外，同时还要对还款能力、担保实力、抵押物足值性以及管理能力是否优良等进行审查，并详细检查贷款金额、用途、利率以及期限等的合规性；考察借款人的还款来源是否充足、可靠和合法等；查验借款人的分项融资额以及总融资额是否在最高分项授信额度以及总授信额度内。

（3）真实性调查。

1）企业真实性，需要到工商部门查验企业出资额、出资人、年检记录等，确认企业的真实身份。

2）抵押物真实性，看抵押物是否在登记机关注册，以验证其真实性。

3）申贷人真实性，了解申贷人与提供的法律证件是否相符，谨防冒名顶替。

4）贷款用途真实性，防止 A 项目贷款用于 B 项目。

2. 改革信贷审批授权模式

商业银行应突破目前行政管理权与信贷业务审批权合一的模式，实现审批授权与提款授权、业务授权与操作授权相分离，机构授权向个人授权转化。业务授权采取专家审贷制，这些专家由获得审批人资格的专业人员担当。贷款审批委员会（贷审会）成员由这些专家组成，形成专家审贷的局面，衡量与控制信贷风险。贷款提款审批权限保留在二级分行，在借款人符合授信审批资格后进行提款审批，严防操作风险，如图 3－2 所示。

3. 优化贷审会制度

商业银行应该成立贷款审批委员会（贷审会），并由与会委员对贷款审批事项民主决策，所以贷审会需要有合理的审批程序。

（1）实行回避制度。若某委员和审批某笔贷款有利益冲突，应向主持人提出回避申请，并由主持人决定是否回避。主持人和审批某笔信贷业务可能有利益冲突，也可向行长提出回避申请，并由主持人决定是否回避，若同意，则由信贷

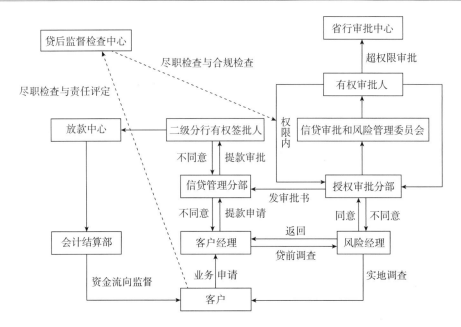

图 3 - 2　信贷审批授权新模式

管理部门另行安排主持人。如果主持人认为某位委员与审批某笔贷款可能有利益冲突，可请求其回避。如果贷款申报行认为某位贷审会委员和待审项目可能有利益冲突，也可请求其回避。当然如果有"其他可能引起不公正待遇"情形时，也需要采取回避措施。

（2）创建民主决策机制。贷审会制度的关键部分是贷审会的最终表决，贷审会的决策效率最终由贷审会制度的科学合理性决定。贷审会采取委员（除主持人以外）当场采取的无记名投票形式，参会委员不能弃权，会后不能补投。2/3（含 2/3）以上同意的贷款项目视为同意，1/3（含 1/3）以上不同意的贷款项目视为否决，其他投票结果视为复议。贷审会主持人对贷审会 2/3（含 2/3）以上同意的贷款项目享有一票否决权以及复议决定权，但对贷审会 1/3（含 1/3）以上不同意的项目不享有一票赞成权。审议结果包括三类即同意（以及含附加条件同意）、复议和不同意（否决）。各委员需要口头表决结果，并在会议记录上签字确认。贷审会主持人不得发表评论。

（3）选拔优秀主持人。每次的贷审会必须选出一位主持人，可由专职贷款审批人轮流出任，并由其担任审批主责任人，承担信贷风险的主要责任。保障贷款审批的公开、公平和公正，合理确定讨论时间是贷审会主持人的主要职责。有鉴于此，贷审会需要选择一位有民主思想的主持人。主持人要保证委员自由表达思想，要为他们创造一种宽松的讨论氛围。但是若信贷项目需要立即做出决策，则不宜采取贷审会方式，对那些能够简单肯定或否决的贷款项目也不宜采取此种方式。可见并不是所有贷款项目都适合贷审会审批，这要求主持人能够确定合适的贷款项目进入贷审会决策程序。

（4）构建贷审会专家团队。贷审会委员至少是法律和财务等方面的专家。这些人具有丰富的专业知识、较强的创造能力和决策分析能力。贷审会委员由银行的外聘专家与专职贷款审批人两部分组成。贷审会召集会议时如果没有一定数量的外聘专家与专职贷款审批人参与，会议无效。外聘专家是由总行和一级分行认定，本级行按一定标准签约的财务及行业专家；专职贷款审批人是经本级行推荐上报上级行并由其信贷管理部门审查同意的专职信贷员。专职贷款审批人没有任何其他行政职务，实行等级制，根据贷款金额大小分别享有不同的审批权限。

第五节　本章小结

信贷过程风险管理是商业银行经营管理的关键环节，而贷款前的信贷风险识别和测度是信贷过程风险管理的首要环节。

为了加强贷前风险管理，首先，本章对商业银行贷前风险进行了识别分析，阐释了 Logit 模型建模思路，分析了 Logit 模型的类型及其参数估计。根据样本及参数特性，采用了极大似然法估计参数。其次，采用 Elman 神经网络模型进一步估测信贷风险级别，从而高质量预测信贷风险。最后，笔者又从定性角度完善了贷前调查并优化了贷款审批程序。

总之，商业银行贷前风险识别和运用 Logit 与 Elman 神经网络模型对信贷过程贷前风险进行识别和量化管理（贷前风险筛查），完善贷前调查和优化贷款审批程序是非常有意义的，这不仅缓解了信贷风险，而且也为信贷过程风险管理的第二个阶段（贷后风险监控）扫清了障碍，奠定了基础。

第四章 经济下行压力加大条件下商业银行信贷风险的动态预警研究

信贷过程风险管理之贷后风险需要动态监控。银行承担着全国经济建设的重要使命，必须把防控信贷风险作为银行管理的生命线。2008 年金融危机说明事前估测风险压力概率的技术还不完善。所以，要以风险分类为基础，建立一套基于专家判断的信贷风险预警机制，促进信贷资产质量的提高，以便银行实施贷后风险分类管理，适时预防信贷资产损失。这是信贷过程风险管理的中心环节。

第一节 信贷风险预警指标体系的构建

适时准确地描述风险的预警指标是贷后风险分类管理预警体系有效运转的前提。预警指标体系的构建必须科学合理，这是适时有效监测信贷风险的基础。本书首先确立了选取预警指标的原则，其次构建了风险预警指标体系。

一、预警指标的选取原则

预警指标的选择应该满足可靠性和有效性原则，更具体一点，应包括开放性原则、成本效益原则、系统性原则和预测性原则。

1. 开放性原则

随着金融开放及金融改革的不断深入，预警指标体系的选择必须具有开放性，需要根据经济、金融及信贷的发展变化与时俱进。

2. 成本效益原则

这与其他经济活动一样都要讲究成本效益原则。如果不能较为经济地获取指标数据,我们就应该将这些指标去掉,因为这与成本效益原则相背离,即使这些指标能够显著地反映信贷风险。

3. 系统性原则

当选择指标时,既要讲究重点,又要兼顾全局,所谓重点性,即对能显著反映信贷风险的预警指标赋予更高权重;同时还要谋求预警指标的完整性,使其尽可能成为反映贷后风险的最小完备集。由此兼顾了重点与全局,不同指标不但互为关联,而且各有侧重,构成了一个有机整体。

4. 预测性原则

预警指标体系必须能够及早预测风险并发出预警信号,能够给商业银行腾出足够多的时间采取预防风险的策略,否则任何"完善"的模型也没有丝毫价值。所以选择的指标体系必须能够准确和超前预测银行主要的信贷风险。

二、预警指标体系的构建

由信贷风险概念可知,信贷风险形成的主体是银行与企业,本书结合《新巴塞尔协议》以及国际国内银行信贷风险预警实际,遵循指标选取原则,从财务与非财务两个维度,建立起如表4-1所示的风险预警指标体系框架。

表4-1 商业银行信贷风险预警指标体系

战略层	准则层1	准则层2	指标层
信贷风险预警指标体系	企业非财务指标	外部环境	金融市场
			法律环境
			宏观经济
			行业前景
		发展水平	创新能力
			管理水平
			发展潜力
			信誉
		偿还基础	偿还记录
			还款意愿
			担保水平
			抵(质)押

续表

战略层	准则层1	准则层2	指标层
信贷风险预警指标体系	企业财务指标	信贷获利比率	内部收益率
			现值指数
			还贷能力指数
			回收期比率
		赢利比率	现金盈余比
			销售利润率
			权益净利率
			资产报酬率
		发展比率	存货周转率
			应收账款周转率
			资产周转率
		偿债比率	已获利息倍数
			资产负债率
			流动比率
			速动比率

1. 企业财务类指标

主要包含以下四方面的内容:

(1) 偿债比率。代表企业偿债水平的偿债比率通常用已获利息倍数、资产负债率、流动比率和速动比率等综合衡量,其中资产负债率和已获利息倍数衡量企业的长期偿债水平,而速动比率和流动比率则用来衡量企业短期债务水平。上面的指标数值越大,意味着银行风险越低,企业的偿债水平越高。

(2) 发展比率。通常,假如发展比率指标越大,该企业违约可能性越低,资金周转能力越强。其关键指标包括存货、应收账款以及资产周转率等。

(3) 赢利比率。衡量赢利水平的盈利比率指标包括现金盈余比、销售利润率、权益净利率和资产报酬率等指标,其数值与企业赢利和偿债能力正相关。

(4) 信贷获利比率。衡量获利水平的信贷获利比率指标涵盖内部收益率、现值指数、还贷能力指数、回收期比率等指标。其中内部收益率指项目现金流入和现金流出现值总和相等时的收益比率;回收期比率考究项目信贷的回笼进展,是投资回收期和贷款回收期的比值;还贷能力指数是投产以后各年度期望利润和相应年度偿还本息的比值;而现值指数是指投产以后现金流量现值总和与原始投资之比。

2. 企业非财务类指标

其涵盖了以下三个方面的内容：

（1）外部环境。企业外部环境也是造成信贷风险的重要因素，外部环境包括金融市场、法律环境、宏观经济以及行业前景等。其中金融市场涵盖发展现状以及企业筹资难易等；法律环境指标指政府规范企业或相关行业的法律法规等；宏观经济指标涵盖总体经济形势、经济体制转轨等方面；而行业前景包括行业成熟度和行业类型等。

（2）发展能力。该指标是衡量企业偿债能力的重要指标，涵盖创新能力、管理水平、发展潜力以及信誉等方面，其中创新能力与发展潜力考究了企业当前与未来的行业排位以及生命周期等；企业信誉高低和信贷风险大小关系紧密，因为信誉和信用呈正相关；管理水平反映了企业领导的管理能力和决策水平。

（3）偿还基础。该指标涉及偿还记录、还款意愿、担保水平和抵（质）押等方面，偿还记录反映了企业的还款实力，还款意愿揭示了企业偿还贷款的动机和意志水平，担保水平和抵质押状况则反映了第二还款来源的保障程度。

三、指标选取的特点

1. 补充了已获利息倍数

目前由于部分企业缺乏偿还能力或银行为了谋取利差主动让步，从而导致很多企业借新债还旧债。而"已获利息倍数"（息税前的利润和利息的比率）可以估计企业偿还利息的实力，从长期来看，该指标必须大于1，如果企业达不到该标准，则向银行举债融资十分困难。换言之，该指标数值越大，意味着企业偿还利息能力越高，反之亦然。

2. 信贷项目获利被纳入财务准则层指标

该指标涵盖内部收益率、现值指数等四个具体指标。内部收益率用来评价项目的可行性；现值指数用来评价投资项目的盈利水平；还贷能力是项目贷款管理的核心指标，用来考察清偿本息的可靠水平；而投资回收期则用来考察贷款的回收进度。这些指标为衡量信贷风险提供了重要依据。

3. 加强了企业外部环境考察

外部环境预警指标包括法律、金融市场和宏观经济等具体指标。企业发展在受内部因素影响的同时，还受外部环境的影响，外部环境也会引致信贷风险。所以，需要强化外部环境监测，若发现有异常情况出现的征兆，银行与企业需要采取相应的对策，以有效防范和化解信贷风险。

4. 强化了定性研究

近期不可能成为信贷管理核心因素的非财务指标会逐渐发展为核心因素。因此，缺少了对非财务因素的分析，银行产生信贷损失的概率将会大大增加。所以，本书挑选了较为关键的非财务指标，并采用专家判断进行量化判析，并相应扩大这些指标的权重，突破了以前只注重评价财务指标，而忽视非财务指标的倾向。

第二节　信贷风险预警综合指数的构建

一、预警指标权重确定的步骤

20 世纪 70 年代，美国运筹学家萨迪率先提出了一种方法，这种方法把复杂事物的各个方面分解成不同层次，并由专家量化各层元素的相对重要性，并统计出各元素的相对权重，而后综合分析权重结果。该方法具有系统性和实用性等特性，能处理比较复杂的社会经济问题，因而在许多学科中广为应用。该方法被称为 AHP 法，该方法认为，确定指标体系的权重应分成三个阶段：

（1）第一阶段：根据目标与性质，把问题分解为多个因子，并根据其相互关系，采取聚类分层排列，从而构成金字塔形的层级体系。

（2）由专家、管理人员等量化各层因子的相对重要性，并进行排序，并统计各层因子的权值。

（3）依据综合统计的各层因子的相对权值，从而计算出最低层目标（指标层）相对于最高层目标（战略层）的相对权值。

二、构建指标层级结构及判断矩阵

1. 指标层级结构的构建

从预警的实际需要出发，结合 AHP 方法，把信贷风险预警指标从低到高划分成指标层（最低层）、准则层（中间层）以及战略层（最高层）三层，如表4 - 2所示。

表 4 – 2　信贷风险预警指标层级结构

战略层	准则层 1	准则层 2	指标层			
信贷风险预警指标体系 C	非财务指标 C₂	发展潜力 C_{21}	创新能力 C_{211}	管理水平 C_{212}	发展潜力 C_{213}	信誉 C_{214}
		外部环境 C_{22}	金融市场 C_{221}	法律环境 C_{222}	宏观经济 C_{223}	行业前景 C_{224}
		偿还基础 C_{23}	偿还记录 C_{231}	还款意愿 C_{232}	担保水平 C_{233}	抵（质）押 C_{234}
	财务指标 C₁	偿债比率 C_{11}	利息倍数 C_{111}	资产负债 C_{112}	流动比率 C_{113}	速动比率 C_{114}
		营运比率 C_{12}	存货周转 C_{121}	应收周转 C_{122}	资产周转 C_{123}	—
		赢利比率 C_{13}	现金盈余 C_{131}	销售利润 C_{132}	权益净利 C_{133}	资产回报 C_{134}
		获利比率 C_{14}	内部收益 C_{141}	现值指数 C_{142}	偿债指数 C_{143}	回收期 C_{144}

2. 判断矩阵的构建

学术界一般使用指标对比法，衡量某个因素 I 受 m 个指标 a_1，a_2，$\cdots$，a_m 的影响程度，a_i 与 a_j 对 I 的影响的比率用 b_{ij} 表示。AHP 法使用萨迪标度法量化 b_{ij}，标度衡量规则如表 4 – 3 所示。本书使用德尔菲法量化 b_{ij}，以确保 b_{ij} 的实用性。

从商业银行、银监会以及高等院校教学及研究部门选出 15 名信贷风险管理专家，对其进行问卷调查，要求他们给出各预警指标的 b_{ij} 值，同时根据他们的经验及能力确定其信任度，从而得到加权的 b_{ij} 值。接下来，着手构建判断矩阵，也就是把由这些管理专家赋值的全部 b_{ij} 值，组合成 $B = (b_{ij})_{m \times m}$ 矩阵。

表 4 – 3　萨迪标度分布

标度 a_{ij}	含义
1	u_i 和 a_j 同等重要
3	a_i 比 a_j 稍微重要
5	a_i 比 a_j 明显重要
7	a_i 比 a_j 强烈重要
9	a_i 比 a_j 极端重要
2、4、6、8	a_i 和 a_j 的中间值
倒数	$a_{ij} = 1/a_{ji}$（a_i 和 a_j 互为倒数）

注：$b_{ij} > 0$，$b_{ij} = \dfrac{1}{b_{ji}}$，且 $b_{ii} = 1$。

三、信贷综合预警指数的构建

1. 贷款五级分类管理

五级分类管理是银行借助对借款人的现金流、抵押品价值、财务状况等的连续不断地监控，测算贷款的实际损失，衡量贷款偿还的可能性。一笔贷款在发放后，就要动态监控，贷款五级分类可以根据借款人的偿还能力，测定贷款面临损失的风险度。可见，这种方法涉及贷款从放出到收回的全过程，不管贷款是否到期，都需要监控，所以有预警作用。风险分类法将贷后管理的要求制度化了。为了更加形象地描述信贷风险五级分类标准，这里分别用红、橙、黄、蓝、绿各色灯区表示以上提及的由高到低的不同信贷风险级别。如果信贷风险综合指数越高，那么信贷风险级别越低；反之，风险级别越高。

2. 综合预警指数

贷款五级分类需要建立综合预警指数，因此，得到某一层指标权重还不够，还应确定这些指标在整个指标体系的权重。各指标在整个指标体系中权重的计算方法如下：由 AHP 法确定的各层指标权重分别和其更高一层的权重求积，并获得各指标在该层的权重，再将该权重和其更高一层的权重求积，获得新的权重，直到求出该指标的战略层权重，进而把所有指标数值（指标风险指数）和相应战略层权重相乘并求和，便得到信贷综合预警指数，表示如下：

$$R = \sum_{i=1}^{m} a_i \times C_i \qquad\qquad (4-1)$$

其中，R 表示综合预警指数，a_i 表示指标权重，C_i 表示指标风险指数。

当计算出预警综合指数后，信贷人员要根据预警综合指数获得的五级分类，综合考虑债务人和担保人还本付息能力，抵（质）押物现值及其处理费用等，计算五级分类贷款的预期损失率及预提准备金率。

根据表 4-4 可知，综合预警指数区间在 0.9~1 和 0.75~0.9 时，贷款分别处于正常类和关注类，根据行业标准，两者的预期损失率都为零，当综合预警指数区间在 0.60~0.75、0.45~0.60 和 0~0.45 时，贷款分别处于次级类、可疑类和损失类，其预期损失率分别为 20%（含）以下、20%~90%（含）和 90%以上。

表 4-4　贷款分类与综合预警指数关系

综合预警指数	0~0.45	0.45~0.60	0.60~0.75	0.75~0.9	0.9~1
五级分类	损失类	可疑类	次级类	关注类	正常类
五色灯区	红灯区	橙灯区	黄灯区	蓝灯区	绿灯区

注：根据中国人民银行颁布的《贷款通则》设计。

商业银行应根据贷款风险程度划定的预期损失率分别计提普通准备金、专项准备金，计提比例是：正常贷款1%（普通准备），关注2%，次级20%，可疑50%，损失100%，其中次级和可疑的计提比例各行可根据自身财务状况在基准比例内上下浮动20%。以关注、次级、可疑、损失比率计提的准备金通常称为专项准备金，如图4－1所示。

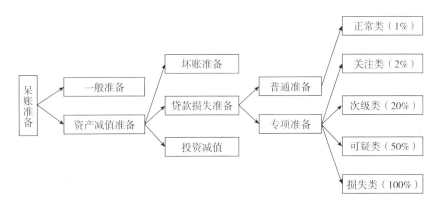

图4－1 贷款呆账准备分类

可见，运用预警指数进行系统科学的定量分析和分类预警管理，克服了我国商业银行长期以来在进行企业信用分析时，主要采用定性方法和传统的比例分析方法的弊端。

第三节 建立动态灰色预警模型

由于商业银行信贷风险的发展变化趋势及规律受大量不确定性因素影响，因而对其未来变化趋势的预测有较大难度。当前有概率统计分析、时间序列分析以及回归分析三种预测分析方法，这些方法有样本量大，花费成本高；注重数据拟合以及较大误差等弱点。而"灰色理论"则弥补了这些弱点，因此，为了确保预测效果，本书构建了基于灰色预测思想的信贷风险预警模型。

一、灰色预测理论使用原则

各项预警指标的发展变化趋势及规律受大量不确定因素影响，灰色预测GM微分模型（Grey Model）能够定量分析本书的复杂性和动态性信贷风险预警指标。本书基于以下原则构建了灰色微分模型：

（1）为了提高精度，可以选择不同生成方式的灰数、取舍不同数据和不同残差（理论值与实际值之差）的灰色模型。

（2）灰色理论对导数、信息量、时间序列以及微分方程的灰色特性进行了定义。当灰色模型经过差分优化后，就形成差微分模型。

（3）灰色模型实质是把杂乱的初始数据整理成有序数列后再建模。

（4）随机过程和随机变量分别为在既定范围和区间变动的灰色过程与灰色变量，而且逆生成的灰色模型数据才有实用价值。

（5）高阶建模有两种方法，一是借助 GM（1，m）模型（即 1 阶，m 个方程），二是采用灰色模型的多级多次残差。

（6）后验差、关联度以及残差检验是灰色模型检验惯用的方法。后验差检验是统计残差分布；关联度检验是检验指定函数和模型的拟合性；而残差检验是按点验证。依据关联度概念及其收敛性确定灰色预测模型（所谓关联度收敛即相似收敛）。

二、GM（1，1）模型的构建

GM（1，1）是一个一阶且一个变量的线性微分模型，专用来进行时间序列预测。把按月（共 m 期）得到的所有信贷风险指数生成原始时间序列，$Y_0 = \{Y_0(1), Y_0(2), \cdots, Y_0(m)\}$，累加成时间序列：$Y_1 = \{Y_1(1), Y_1(2), \cdots, Y_1(m)\}$，其微分方程如下：

$$\frac{\mathrm{d}Y_1}{\mathrm{d}i} + \beta Y_1 = I \quad \zeta = \begin{pmatrix} \beta \\ I \end{pmatrix} \tag{4-2}$$

其中，β 表示发展灰数，I 表示内生控制灰数，ζ 表示参数向量。

采用 OLS 方法（最小二乘法）得：

$$\zeta = (A'A)^{-1}A'Z \tag{4-3}$$

$$\text{其中 } A = \begin{pmatrix} \dfrac{-[Y_1(1) + Y_2(2)]}{2} & 1 \\ \vdots & \vdots \\ \dfrac{-[Y_1(m-1) + Y_2(m)]}{2} & 1 \end{pmatrix}$$

$$Z = [Y_0(2), Y_0(3), Y_0(2), \cdots, Y_0(m)]'$$

将 ζ 代入式（4-2），于是可得以下灰色预测方程：

$$\hat{Y}_1(i+1) = \left[Y_0(1) - \frac{I}{\beta} \right] e^{-\beta i} + \frac{I}{\beta}$$

$$\hat{Y}_0(i+1) = \hat{Y}_1(i+1) - \hat{Y}_1(i)$$

其中，$i=0$，1，$\cdots$，m，该模型能预测预警指标值，而且有花费成本低、需要数据少以及误差小的优点。采用上面的灰色预测方法，银行完全能够预测当 $i=m$ 时的所有指标值，进而获得第 m 期的预警综合指数 R_m，据此，银行可以有针对性地根据风险程度及其主要影响指标制定可行性策略。通过该模型，银行既能精准预测当前信贷风险，又能动态监控未来信贷风险。这有利于银行提前洞察潜在信贷风险，改善信贷风险防控手段。

第四节 建立预警系统

一、预警系统的建立

商业银行信贷风险预警系统是银行事前监测和防范信贷风险的重要组成部分。它是在银行内部建立一个专门的控制系统，利用一定的风险监测工具（指标）作为媒介，确定科学的指标体系，作用于信贷过程的风险活动中，然后获得表现为信用风险的信贷风险预警信号，督促借款人采取适当措施，进而将风险控制在较低水平的一种运行机制，如图 4-2 所示。

二、预警系统的组成

1. 预警组织结构

预警组织结构在预警系统中起着组织和决策作用，是预警系统的神经中枢。该结构是构建预警系统的基础，预警组织结构由以下几部分构成：管理指挥系统、职能操作系统以及功能协调系统。各部分作用如图 4-2 所示：

（1）功能协调系统（协调层），其功能包括：①确保预警系统拓宽覆盖面，贯穿于信贷活动的各个方面，形成网络效应；②为银行创造优良的信贷环境，为防范信用风险扫除障碍；③提高预警系统的敏感度，为银行预警系统挖掘信息。该系统由社会监督系统和行政执法系统组成，前者由一些重要的工商企业以及贷款保险公司等组成；后者由工商、税务以及公检法等部门组成。

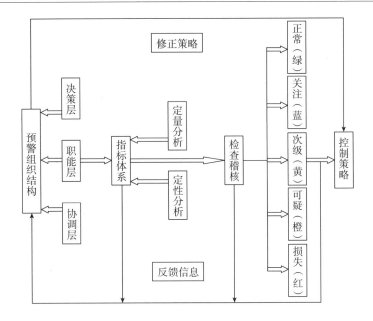

图 4 - 2 信贷风险预警系统

（2）职能操作系统（职能层），是职能部门的具体执行机构，这些部门主管风险监测，提出预警策略。为了提高风险控制水平，这些部门推行目标责任制，"谁主管，谁负责"，确保信贷风险预警落到实处。这些职能部门主要由计划、稽核、会计以及风险管理等部门组成。

（3）管理指挥系统（决策层），是风险预警的指挥机构，由风险决策部门和主要负责人共同组成，主要负责设计信用风险预警方案，规划预警目标。

2. 指标体系（操作工具）

指标体系是通过若干科学设计的指标对银行信贷风险进行事前监测，扼住风险源的一种预报方式。

该指标体系应具备以下特点：①相关性和科学性，各指标要具有一定关联性，不能主观臆断；②可操作性，指标的选取应便于操作；③符合国际惯例；④实用性，指标选取必须符合商业银行信贷经营实际。银行在设定风险预警指标体系时，既要关注信贷风险类别，又要考虑信贷经营的安全性、流动性和盈利性的"三性"原则。由于一部分银行信贷风险预警信号和预警值可以通过定量指标得到，而有些需要通过定性分析得到。因此，指标体系必须结合定量和定性指标，以定量指标为主，定性指标为辅。

3. 预警实施过程

预警实施过程即银行通过指标体系对银行信贷过程实行全方位监测，并指出有无风险，若有风险，程度如何，进而提供预警信号的信贷过程风险管理。首先，实施规则是通过信贷部门自查和自报风险并建立科学的风险报告制度；其次，银行通过现场以及非现场稽核、常规以及非常规检查等形式来实施。预警实施过程的顺利进行需要做好以下工作：①培养一批优秀的信贷风险预警人员，确保风险监测的顺利开展；②建立信贷风险预警责任制度，控制有险不报等不良行为；③提供精确的预警信号。预警信号按贷款五级分类进行设置，即损失类（红灯区）、可疑类（橙灯区）、次级类（黄灯区）、关注类（蓝灯区）、正常类（绿灯区）五类信号。

4. 预警防范措施

预警防范措施即银行依据风险预警过程中的显示信号，根据风险类别的不同，有针对性地采取防范和化解信贷风险的预警措施。

（1）若一笔贷款处于损失类（红灯区），这就需要银行立即采取紧急措施，银行应将该借款人划入"黑名单"并在同行业公告。信贷审批部门终止审批，信贷业务部门不应再追加新的贷款，并冻结抵（质）押物，并将该企业实际风险状况上报信贷风险管理部门，并由其进行风险调查，然后由审计部门对其财务等情况进行审计和清算，尽早收回贷款本息，并准备按法律手段收回到期贷款。并由风险管理部门计提100%的专项准备金，化解风险，否则全部信贷将受到损失，因为这意味着不能按期还贷的风险最大，处于高危区域。

（2）若其处于可疑类（橙灯区），银行将其划入限制性客户，这要求银行必须立即制定措施，催收已到期贷款本息，必要时可提前催收未到期贷款；对到期但没收回的贷款，要追究第二还款来源即担保人的责任，若依然不能清收，可用法律手段解决。对已发放贷款进行连续跟踪管理。若贷款属于信用贷款，则需要借款人追加抵押或担保，并保证抵押以及担保无其他的债权人，以保全资产。通常不对可疑类贷款追加贷款，以避免增量不良贷款的产生。因为这意味着信贷风险比较高，信贷业务部门要谨慎对其贷款，信贷审批部门审慎审批贷款，风险管理部门要入住企业，详细掌握其日常管理和经营状况，协助企业管理，并紧密跟踪贷款使用情况，同时审计部门要紧密而持续地掌握其报表数据及真实性，并由风险管理部门计提30%～70%的专项准备金。

（3）对于次级类（黄灯区），银行对该类借款人的贷款要密切关注。为防止借款人偿还能力得以维持，可要求在贷款合同中新增一些如限制其他长期债务等的保护性条款或追加新的担保。同时，减少对该借款人的信贷额度。银行对新增贷款要慎之又慎，假如允许向其贷款，要对其列出较为严格的履行贷款合同的条件，并写入合同，形成保护性条款。可采用余额补偿制度，适当提高贷款的利率。需要信贷业务部门持续不断地收集该企业的财务和非财务数据，将其上报风险管理部门，在审计部门审查无误后，计算其综合指数，描出综合指数趋势图，并紧密盯住综合指数变动趋势，适时采取措施，规避风险，并计提 2% ~40% 的专项准备金，因为这意味着贷款已产生一定风险。

（4）对于关注类（蓝灯区），可以列为银行的发展客户。通过分析预警结果，找出贷款问题的根源，探寻改进之处，积极和借款人沟通，建立良好的银企关系，另外，改进的财务管理较好地确保其完全能够按时偿还贷款。在发放新增贷款前，不仅需要通过和借款人协商划定利率标准，同时还要掌握其借款用途和目的，并适当提高周转信贷协定额度与信贷额度。信贷风险管理部门要掌握企业财务状况和日常管理与经营在未来是否会发生变化，若发生变化，需采取应对措施，防范风险，并计提约 2% 的专项准备金。

（5）对于正常类（绿灯区），可将其归入银行的优质客户名单里。一般不用担心借款人的偿还能力，因为这意味着信贷风险极低、信贷资产完好，信贷业务部门与其业务关系保持正常，风险管理部门只对其进行例行的风险管理，并计提 1% 的普通准备金，信贷审批部门可以对该企业放松贷款条件（增加信贷额度和周转信贷协定额度以及优惠利率等），审计部门及风险管理部门可以调高企业信用等级。当这类借款人借款时，银行应优先考虑，并可与其确定长期稳固的关系，对其进行长期投资。

目前在我国商业银行的五级分类过程中，在贷款资金发放后，银行很少对企业资金的使用情况和重大经营管理决策等开展检查和监督，必然导致逾期、呆滞、呆账贷款的增加。而且，信贷员的责权利与贷款质量不挂钩。因此，银行需要进行如下改革，确保以综合指数为基础的五级分类管理高效运行。

第五节　贷后风险管理的有关制度安排

信贷风险的动态预警是一个系统工程，在构建预警量化模型后，还需要相应的配套制度，主要包括贷后检查制度、风险分类制度以及风险预报制度等，这些制度都是为信贷风险预警服务的。

一、贷后检查制度

1. 贷后检查的概念及内容

贷后检查是指在信贷过程中对借款人引致的信贷风险的相关因素进行连续调查和监测，掌握借款人履行贷款合同的情况以及资信情况，进而提出预警信号，并制定应对策略的一种信贷管理方法。完善的贷后检查内容如下：

（1）重大事件。着重检查借款人的重大事故、重大债权及债务纠纷、体制改革以及投资决策等情况。

（2）发展水平。着重检查借款人高层管理人员的管理水平，企业创新能力、发展潜力及信誉等基本情况。

（3）财务状况。通过对财务报表有关财务比率等的分析，掌握借款人偿债能力，盈利能力、发展能力以及营运能力的发展变化趋势。

（4）保证人。通过对借款人的检查，了解保证人的资质情况，着重掌握保证人的保证水平的变动情况。

（5）贷款用途。着重检查借款人是否挪用了贷款资金，严格约束借款人根据贷款合同规定的用途运用贷款资金。另外，对长期的固定投资项目贷款，需要检查银行贷款与项目其他资金是否同比例使用；若不是，则要求其改正。

（6）宏观经营环境。着重检查金融市场、法律环境、宏观经济和行业前景等的发展变动趋势对借款人生产经营活动产生的影响。

（7）生产经营。着重检查借款人原材料采购、产品产量、生产能力以及销售渠道等情况。

（8）抵（质）押物。着重检查抵（质）押是否产生价值损失及是否足值；是否抵押登记注册，以了解该抵（质）押物是否被抵（质）押人擅自处理等。

2. 建立贷后检查制度

商业银行需要建立严格的贷后检查制度，进而掌握财务状况、客户的购产销、文本的合规性以及所处的外部环境等，从而查验贷款是否被挪用，偿债水平以及担保水平是否良好，生产经营是否正常，贷款合同是否得到严格履行，进而提早发出信贷风险预警信号。贷后检查制度可分为首次跟踪检查、专项检查以及定期常规检查等。

（1）首次跟踪检查。通常在贷款后 10 日内进行。主要包括两个方面：一是贷款批复落实检查，着重检查贷款批复以及贷款用途的合规性，贷款批复以及

《建立贷款关系协议》的其他规定的落实情况等；二是合规性检查，主要检查合同填制以及担保手续的完善性和《建立贷款关系协议》各项条款的合规性等。

（2）专项检查。主要包括三个方面：一是对借款人的偿还能力以及偿还记录等情况进行检查，这通常在贷款到期前一个月进行；二是对客户进行立即检查，通常在客户遇到如重大债权债务关系变动、诉讼赔偿等突发事件影响信贷正常偿还时进行；三是按照客户经理以及相关部门的信贷风险预警信号等进行专项检查。

（3）定期常规检查。不同性质贷款的检查时间各有不同，如对按期限管理的流转贷款，要求每旬对库存物资的保证水平进行一次检查，每月对库存进行一次全面盘查。检查内容通常涵盖以下七个方面：一是外部环境调查。通过对国家或地区财政金融市场和政策、宏观经济走势和政策、行业前景和政策以及法律环境等的收集，对行业发展变动趋势和行业风险进行评判和预测。二是关联交易调查，首先要厘清关联关系，其次要调查借款人根据《关联方关系及其交易会计准则》规定披露信息的真实性，以判断关联交易的合理性。三是抵押担保检查，主要检查抵（质）押物的保管以及价值是否发生变动和保证人的保证以及能力保证资格是否发生变化。四是财务状况检查，即检查财务现状相对于贷前调查时点的变动情况，着重调查财务指标变动的原因，判断客户是否有骗贷情况，是否有巨额资金流动尚未和银行交涉等。五是生产经营检查，主要检查销售目标完成情况、产品适销对路情况以及开工率和达产率等，并找出其中的原因。六是贷款物资保证检查，结合借款人财务情况，主要调查外部资金来源记载的真实性。七是贷款用途检查，检查贷款是否按照合同规定的用途使用，是否存在资金挪用情况。如果存在贷款挪用，则督促借款人改正，否则不予贷款支持。

二、风险分类制度

五级分类法克服了"一逾两呆"掩盖银行贷款质量问题的许多弱点，能够及时反映银行的风险情况，所以成为加强贷款质量管理的重要手段。因此，所有商业银行都应该建立五级分类制度，其具体内容如下。

1. 建立贷款分类审查制度

银行内部审计部门要定期检查同级或下级分行的信贷分类情况，审查贷款分类的客观性及可靠性、贷款逾期情况及还款可能性。其具体内容如下：

（1）掌握还款可能性，得出分类结果。确定还款可能性，应分析借款人的外部环境、发展水平、偿还基础以及财务状况等方面的因素。分析借款人的还款能力，需要分析借款人财务因素以及非财务因素。

（2）了解还款记录，确定逾期状况。还款记录有以下三种情况：一是还款记录优良，借款人能够按时偿还本息；二是还款记录欠佳，偿还本息逾期；三是本息偿还还没有到期。还款记录是贷款偿还的法律责任、还款能力和意愿的集中体现，直接反映贷款质量状况和逾期情况。按照《指导原则》，可依据偿还情况，给贷款进行初步分类。

2. 细化风险分类标准

一是强制规定银行必须通过查询银行信贷登记咨询系统的信息进行信贷风险分类，并将这些信息打印存档。二是针对中长期信贷以及大额信贷分类，要有严格的制度保障。三是需要确定信贷风险分类认定所需的财务类和非财务类指标，厘定相应的预警界限与级别，明确各个预警级别的报告要求、途径以及时限。四是把贷款分类的主要特征纳入信贷风险分类原则中：对长期、中期和短期贷款的分类规定应该有所区别；对有政府背景的贷款也应该有特别的分类要求。

3. 确立风险分类考核标准

银行应该结合损失类贷款的核销，普通与专项准备金的计提范围与比例，拨备覆盖率以及资本充足率等多种因素考核风险分类标准。因此，银行应构建全方位的信贷质量考核体系，对分类情况做出客观和公正评价。

4. 建立呆账准备金制度

根据谨慎会计原则，银行应该计提普通准备金，同时按照信贷风险分类结果，计提专项准备金（包括特别准备金）。呆账准备金的具体计提办法可参考中国人民银行的基本要求。

5. 确定风险分类原则

应该遵循：本级初分，上级认定，滚动分类，实时调整，归口管理，检查评价的原则。确定上级认定原则，进一步明确风险分类工作的最终责任，保证和推动检查评价工作的落实到位；实行滚动分类和实时调整原则，实事求是地使分类从时点性和集中性的工作转变为期间性和经常性的工作，克服由于客观上财务报表等不能及时收集齐备，分类过程和结果与检查要求不对应，以致分类工作容易流于形式的问题。如可规定商业银行实际授信后 30 日内必须跟踪检查并分类一次，正常类贷款两次分类间隔周期不能超过 90 日，关注类贷款两次分类间隔周期不能超过 60 日，不良贷款两次分类间隔周期不能超过 40 日。

6. 建立严密的银行内部报告制度

包括以下三个方面的内容。

（1）银行审计部门应定期检查信贷分类政策以及程序的执行状况，并向董事会或上级行汇报检查结果。

（2）信贷人员需要详细掌握借款人及其贷款情况，并将其真实情况向分类复审部门书面汇报。

（3）为确保管理层及时准确掌握信贷质量及变动情况，内部报告制度应该明确规定贷款分类的报告关系。

7. 建立贷后信贷组织管理体制

改善风险分类工作的准确性、独立性和连续性，全面履行贷后管理的督促、考核、检查和组织。

8. 建立责任追究制度

主要包括以下三个方面。

（1）责任处罚制度。银行要严肃处理轻视风险分类工作以及故意隐瞒信贷质量的有关部门以及人员。因此，银行要制定责任处罚制度，明确相关部门以及人员违反风险分类基本要求的处罚以及法律责任。

（2）信贷管理部门制衡制度。银行应该建立起风险逐级控制、权限管理和体制约束的制衡机制，各个部门要对自身的信贷行为负责，推行贷款逐级审批责任制度。各个部门应按照权限，独立开展信贷活动，并在信贷活动完成后，立即转交下一部门，并且不能干涉该部门的业务活动。若产生信贷质量问题，必须查找问题源头，属于哪一部门的职责，就由哪一部门担负关键责任，而且还必须追究有关部门及人员的"关联"责任。

（3）岗位责任制，完善信贷风险管理首席责任人制度以及不良贷款终身追缴制度。由于信贷管理是以审批人为中心的分级控制与层层负责的信贷管理体系，牵涉多个部门。各个部门由审批人负责，这些部门都应该确定首席责任人。划定首席责任人的权限，并由其承担本部门风险管理问题的直接领导责任。银行要对主管贷款的领导（行长、副行长以及信贷管理部门第一责任人）建立不良贷款终身追缴制度和离任审计制度。

三、风险预报制度

1. 建立一套完善而且连续的风险预警数据库

风险预警数据库应包括宏观经济信息（进出口贸易、固定资产投资、社会消费和经济发展规划等）以及国家有关外贸和外资、财政、金融等方面的法律法规和政策；中观经济信息主要包括发展周期、行业成熟度和行业产品结构等揭示行业前景的信息；微观经济信息主要包括财务状况、创新能力、管理水平、发展潜力以及信誉等。该数据库可分为两层：一级数据库，数据主要是和预警目的有关的宏观和中观信息，该库可建在总行；二级数据库，数据主要是和当地银行业务有关的信息，即微观经济信息。可以借助计算机系统充分交换两级数据，确保数据库及时更新和风险预警信号得到及时反馈。

2. 建立一套全面而严密的风险预警组织体系

对某一具体目标行业或客户群，由总行确定若干相关分行作为本项目的风险预警协办联系行，同时确定一个分行作为本项目的风险预警归口联系行。

协办联系行的主要职能是根据预警体系的要求，遇到重大风险事件要在第一时间报告给总行及归口联系行，及时动态汇报预警信息，同时对本区内的目标客户或目标行业实施动态跟踪监测。归口联系行的主要职能是密切配合总行风险管理部门设计具体目标的预警指标体系，厘定专题调查提纲，并在总行指导下，收集有关信贷统计资料、财务风险、经营风险以及行业环境风险等方面的信息；汇总和分析协办联系行反馈的数据资料。参与拟定预警分析报告或专题研究报告。信贷风险管理部（总行）的主要职能是维护和更新风险预警系统软件；公布全行预警成果，发布重点产品、重点客户、重点区域和重点行业的风险预警报告；指导和检查风险分析过程，制定风险预警制度；设计全行风险预警下作规划，划定需要重点预警的客户群、区域产品和行业，并协调各分行对具体目标进行风险预警；综合判断目标风险，并提出风险应对措施。

第六节　本章小结

由于贷后风险管理是信贷过程风险管理的重要组成部分，在这样的思想指导下，构建了贷后信贷风险预警机制。首先，本章根据信贷风险预警指标选取原则，选取了相应指标，构建了信贷风险预警指标体系以及预警模型；其次，在构建预警指标体系过程中，选取了关键性的非财务类指标，并根据萨迪标度法进行量化；再次，更加重视非财务类指标（定性指标）在预警中的作用，并和所有财务类指标共同构建相当完善的预警体系和预警模型，其中包括单个信贷预警指数与预警综合指数模型；最后，银行能够依据 GM 模型方法，通过微分预测方程求出 $i=m$ 时的所有指标的监测值，进而获得第 m 期的预警综合指数 R。这样做有利于银行洞察潜在信贷风险，并采取积极的应对策略；建立贷后风险管理制度，主要包括贷后检查制度、风险分类制度以及风险预报制度等，这从制度上保证了信贷风险预警机制的有效运行。

第五章 经济下行压力加大条件下商业银行不良资产风险管理研究

不良资产风险管理包括存量风险管理和增量风险管理两部分。信贷过程难免形成次级、可疑和损失类不良资产，如何评估和处置它们，是属于存量风险管理问题；而贷款质量级次的下滑或不良贷款规模的扩大，则是属于增量风险管理问题。而我国商业银行在金融体系中处于关键地位，只要其中一家出现问题，都会导致金融震动，经济受阻。而且银行不良资产多集中于四大国有商业银行。另外，非国有商业银行也有大量不良资产。因此，加强不良资产的风险管理就变成了一个十分迫切的问题。

第一节 商业银行不良资产评估研究

由于银行债权资产评估与债务人及其关联方的资产质量、负债、财务现状及经营能力等紧密相关，需要综合查验债务人及其债务关联方的偿债能力。而假设清算法就是假设对债务人及其债务关联方进行清算时，从企业总资产中排除不能用来偿债的无效资产，同时从总负债中排除不必偿债的无效负债，根据清偿顺序，分析在特定时点从债务人及债务关联方所能得到的债权资产价值。有鉴于此，本书运用假设清算法从偿债能力方面评估银行不良资产。

一、假设清算法的适用范围及清偿顺序

1. 适用范围

在评估偿债能力时，需要按照企业经营管理与评估目标的不同，分别使用不

同的清算价格。

（1）续用清算价格。续用清算价格主要针对持续经营的企业。假设企业计划用既有资产偿还贷款，但企业还在持续经营，真正清算企业的概率不大，其资产位于充分有效状态，通常运用正常价格估算企业用来偿还贷款的资产价值，不考虑变现折扣。

（2）有序清算价格。有序清算价格通常针对半关停企业。假设企业通过出售现有资产偿债，但允许在一定时期内而不是立即出售资产，因此，尽管资产价值损失较小，但评估价格通常比正常价格低。

（3）强制清算价格。强制清算价格通常针对即将通过诉讼偿还的企业或关停企业。假设企业或资产即将被强制出售，用出售款项偿还贷款。由于资产即将变现，其评估价值通常比正常价格低很多。

2. 清偿顺序

根据2007年《中华人民共和国破产法》第113条规定，优先受偿项目包括：①清算费和中介费；②职工工资及劳动保险费，涵盖应付养老金和工资以及住房公积金等；③应交税金；④对债务人财产有担保的债务、被法院查封且败诉的资产以及或有负债等。

二、假设清算法的步骤

（1）收集企业财务资料和拟定评估基准日。

（2）评估有效负债和有效资产。

有效负债 = 负债总额 - 无效负债 (5-1)

其中：无效负债为长期挂账不需支付的债务。

普通负债 = 有效负债 - 优先受偿额 (5-2)

有效资产 = 总资产 - 无效资产 (5-3)

无效资产涵盖待涉讼资产，待摊和递延资产，待处理流动资产和固定资产以及福利性资产等。

可偿资产 = 有效资产 - 优先扣除项 (5-4)

优先扣除项：非经营和福利性资产、税金、已设担保物权的资产价值（若该物价值小于债务额按该物价值计算，若该物价值大于债务额按债务额计算）以及职工安置费等。

（3）评估普通债权受偿比例和债权未来受偿因素。

普通债权受偿率 = 可偿资产/普通负债 (5-5)

运用假设清算法对具有一定经营净现金流的企业计算的偿还能力，如果比债权小很多，就应该充分考虑其将来收益偿债的情况，预测企业将来新增加的偿债能力。因此，可通过评估专家综合打分对其管理水平、产品和竞争力等进行评估。但新增加的偿债能力可能为负，此时，按零计算该能力。

$$FY = R \times r \times Y/D \tag{5-6}$$

其中：FY 表示新增特定不良债权；R 表示预测期新增收益；r 表示新增收益偿债比率；Y 表示特种不良债权，特种不良债权为特种不良资产相应债权；D 表示普通负债。

$$FR = \sum_{t=1}^{m} \frac{\zeta_i + C}{(1+i)^t} \tag{5-7}$$

其中：FR 表示预测期企业新增收益；ζ_i 表示预测期净利润；C 表示预测费用；i 表示折现系数；m 表示预测年限。

（4）评估不良债权受偿额。

$$SY = (Y - P) \times r + FY + Y' \tag{5-8}$$

其中：SY 表示特种不良债权受偿额；Y 表示特种不良债权；P 表示优先债权受偿额；r 表示普通债权受偿率；FY 表示特种不良债权优先受偿额；Y' 表示新增偿还不良债权额。不良债权受偿额偿债能力评价指标如表5-1所示。

表5-1　偿债能力评价指标体系

序号	指标	序号	指标
1	资产总额（账面）	13	特种债权：对应抵押资产评估值
2	有效资产（1-3）	14	被评估的特种债权价值
3	无效资产	15	普通偿债能力系数（16/17）
4	负债总额（账面）	16	可偿性资产（2-7-8-9）
5	有效负债（4-6）	17	普通负债额（5-7-8）
6	无效负债	18	特种债权偿债能力系数（19/14）
7	优先偿还普通债务	19	特种债权受偿额（12+10+21+22）
8	优先偿还抵押债务	20	新增特种债权[21×23×(10+12+22)/17]
9	优先扣除项	21	新增收益用于偿债比例
10	特种债权普通受偿额（11×15）	22	未受偿债权人即保证人所获受偿额
11	特种债权普通债权（14-12）	23	预测期企业新增收益
12	特种债权优先受偿额		

注：可偿性资产指能偿还普通债权人的资产。

三、各类资产和负债的评估原则及方法

在使用假设清算法对企业资产进行评估时，要根据企业资产状况选取有序清算价格、续用清算价格或强制清算价格，在选取续用清算价格时，各种资产的评估不进行折扣处理，选用有序清算价格和强制清算价格需要遵循如下原则：

1. 流动资产项目

流动资产是企业在经营过程中，在一年内耗用或变现的资产。在实际操作中可将其分为以下六种。

（1）预付账款、应收账款及其他债权资产。这是进行偿债能力评估的难点，通常得不到债务人的密切配合，很难确定这部分资产价值。在实际运用中，需要在逐笔清查应收账款和函证基础上进行评估，对确定无法收回的账款，评估价值为零；对其他款项可通过账龄分析方法或坏账比率方法确定坏账损失，公式如下：

$$Z = Z_1 - Z_2 - Z_3 \tag{5-9}$$

其中：Z 表示评估值；Z_1 表示账面价值；Z_2 表示确定的坏账损失；Z_3 表示可能的坏账损失。

账龄分析法是把应收账款根据账龄长短分成若干类，根据账龄长短，预测不同账龄应收账款可能收回的数额以及发生坏账的概率。由于债务人与有些企业是关联企业或合伙企业，即便账龄很长，应收账款收回的概率也较大。因此，银行要探究债务人和关系企业的关系。

坏账比例法则是根据坏账占应收账款的比率来预测不可能收回的应收账款，进而确定坏账损失。若企业没有清理坏账记录，其应收账款多年没有清理，就不能运用此法。因此，银行应该分析形成坏账的特殊原因，不应把特殊原因引致的坏账直接当成预测未来坏账数额的根据。而且对行政事业类单位等比较特殊的单位，其应收账款不应仅通过上面两种方法评估其价值，应结合单位特点和资金来源及当前情况确定其价值。

（2）货币资金，涵盖现金、银行存款以及其他货币资金。货币资金根据查验后的账面价值进行评估。

（3）存货，包括产成品、半成品、在产品、原材料、包装物、燃料和低值易耗品等。对于外购原材料和半成品、燃料、在库易耗品、外购和辅助材料等，根据市场价乘以清核后的数量，再加上验收入库费、损耗、运费及其他费用，求得存货评估价值。对于畅销品，根据出厂价减税金及销售费用后求得评估价值；

对于正常销售产品，按出厂价格减适宜的税后净利润、销售费用和税金后求得评估价值；对于勉强销售产品，按出厂价减税后净利润、税金及销售费用后确定评估值；对于积压、销量减少及滞销产品，按可收回净收益确定其评估值；对于报废品则应转入待处理流动资产；自制半成品以及在制品，将其折算成产成品的约当量（一般根据完工状况确定），按产成品确定评估值。对于在用低值易耗品直接运用重置成本法评估，根据清查结果，把当前购置价格或制造价格加上适当的其他费用求得重置成本，再乘以成新率，便得到评估值。

（4）短期投资，涵盖能迅速变现且持有期不超过一年的证券类资产和其他投资。对不能公开挂牌交易的证券根据本金加期间利息进行评估，对公开交易的证券类资产根据评估基准日收盘价进行评估。对其他投资则通过收益现值法进行评估，收益值按投资合同确定，若投资回报较特殊，可借助账面价值或其他合理的方法来评估其价值。

（5）待处理流动资产，包括报废、毁损、削价、盘亏、呆死账以及待批转销等流动资产。这种资产对非持续经营企业已没有任何价值，故评估值为零。

（6）其他流动资产，指除上述资产外的流动资产。对于尚存权利和尚存资产的流动资产，根据余额确定评估价值；反之评估价值为零。

2. 长期投资

对于非控股的长期投资，根据企业历史投资效益以及目标企业未来经营状况，预测投资收益，通过合理的折现率折算为现值，从而获得评估价值，一般根据无风险报酬率与风险报酬率的和确定折现率，即运用收益现值法确定评估价值。对于控股类长期投资，需要对被投资企业以重置成本法为主进行评估，特殊情况时也可单独运用现行市价法及收益现值法。上市挂牌交易债券及股票常通过现行市价法评估，对于非上市交易债券以及国库券，超过一年的，按本利和的现值评估；一年内到期的根据本金加持有期利息评估。可是对不能按时收回本金及利息的债券，要结合调查取证来确定评估值。非上市类股票，一般使用收益法评估其价值。对其他投资，应按收益和投资形式以及占目标企业资本比重等情况展开评估。

3. 固定资产类指标

主要包含在建工程、建筑物、机器设备、非经营性资产、抵押资产、无形资产和负债类指标等。

（1）在建工程评估。在建工程常采用重置成本法评估。应根据评估基准日重新形成该工程的工程量所需费用确定重置价值，当存在严重的经济性、实体性以及功能性贬值时，需要扣除贬值额，若不存在这些情况，贬值额为零。

（2）建筑物评估。建筑物可单独评估，也可和其占用的土地使用权一同评估，还可随整体企业评估。单独评估建筑物一般运用重置成本法。重置成本一般包含综合造价、资金成本、前期费用和其他费用等。对独立经营的建筑物，可运用收益现值法评估。当存在有可比性的三个以上建筑物或房地产交易案例时，可运用现行市价法评估，即把被评建筑物或房地产与近期已销的类似建筑物或房地产进行比较，寻求两者之间的差异并据此对参照物价格进行调整，得出多个参考值，并通过综合分析，确定被评对象的评估价值。同时考虑房地产市场交易的活跃程度、快速变现需要和当地经济发展状况等，得出一个变现折扣率，进而得出最终评估价值。

（3）机器设备。通常采用重置成本法评估该类资产；对那些能用于独立经营并获利的设备，可用收益现值法评估；当存在较多的交易案例时，可用现行市价法。在评估操作过程中，还需要根据进口设备、外购设备以及自制设备的不同分别运用不同的评估方法。另外，对在会计上已提完折旧但还能正常使用的设备，仍然用正常程序进行评估；对待修设备，按修复后的状态进行评估，并把修理费计入负债，并予以单独列示。

（4）非经营性资产。对于该类资产的评估，需要根据《国务院关于试行国有企业破产相关问题的通知》，在评估范围内的，需根据以上评估方法评估；不在评估范围内的，需要在评估报告中列示并说明理由。

（5）抵押资产。作为抵押类资产，如果债权人不放弃优先受偿权的，需要对其评估，并单独列示评估依据与结论，对抵押资产评估价值大于抵押债权部分需计入清算资产的评估价值里。如果债权人放弃优先受偿权的，应将抵押资产并入清算资产中，并根据评估其他资产的原则展开评估。

（6）无形资产。

1）土地使用权。结合城市规划，根据最优使用原则，结合城市规划评估。若使用权交易发达，首选现行市价法，按照市场交易案例进行调整确定；还可运用收益现值法，按照使用权将收益按一定的折现率折现确定其评估价值；若上面两类方法都不合适，就用重置成本法，按照目前获得该土地使用权产生的全部费用，确定评估价值。考虑到快速变现需要，要结合当地房地产市场的发达状况，确定变现率。

2）不可确指无形类资产（商标）。由于企业一般效益不好、负债率高，商业银行对这类资产的评估值通常定为零。

3）可确指无形类资产（不含土地使用权）。一般运用收益现值法与现行市价法进行评估，在适当情形下也可运用重置成本法。当运用现行市价法对无形资产进行评估时，需要掌握被评资产的特点，根据公开市场原则进行评估。当被评资产向很多使用者转让时，要根据受让者的情况调整评估价值。

当被评资产很难运用现行市价法及收益现值法，但有超额获利能力时，可运用重置成本法评估，即按照当前条件重新取得或形成该资产所需的费用来评估。当运用收益现值法时，需要对超额获利能力与预期收益进行分析，并确保收益额的计算口径和被评资产对应，切忌将其他资产收益划入该资产里。

（7）负债类指标。包括长期负债、流动负债以及其他负债等。检验各类负债在评估目的达到后的实际债务人以及负债额是该类指标评估的关键；对和某类资产对应的负债，可按照情况不同，单独列示，或在评估该类资产时扣除适当金额并进行说明，而不用单独列示，对整体企业的负债，应单独评估列示。

四、运用假设清算法的基本要求

（1）假设清算法适用于非持续经营企业及持续经营但净现金流不稳定或净现金流不大的企业。

（2）运用假设清算法要求企业单户债权金额较大、有可处置资产而且能够提供当前财务报表等相关资料，否则很难进行价值评估。

（3）在运用假设清算法过程中，由于受资产变现的可能性，或有负债的不确定性以及优先扣除额难以把握等因素都会使资产价值难以量化，可以用区间值来测定其评估价值。

（4）资产评估师应该合理掌握企业在非持续经营与持续经营状态下的有效资产以及有效负债的区间范围。

（5）资产评估师需要综合考虑应付工资、保险支出、职工安置费以及土地使用权等各种因素对偿债能力的影响。

（6）贷款方式。通常如果贷款回收率高，保障程度也高。贷款分为抵押、质押、保证和信用贷款等。前两种保障程度最高，保证贷款保障程度较高，信用贷款保障程度最低。

（7）地域和行业差别。不良资产需求的不同影响不良资产的评估价值。而需求的差异是由地域差别导致的经济发展程度不同，进而购买力也有所不同引起的。行业选择影响不良资产的投资者，进而影响资产评估。因为不同行业的行业周期和发展程度都不一样。可见，财务因素是影响不良资产价值的主要因素，但非财务因素也对不良资产价值评估产生一定影响。因此，银行应该详细分析非财务因素，进而补充完善不良资产价值评估。银行可以给上述指标的相对重要性进行专家打分（分值为 0~10），以考察非财务因素的影响程度。

第二节 构建商业银行不良资产保全体系

一、管理精细化

1. 培养高素质人员

处置不良资产的人员在拥有银行信贷业务经验的同时，还需要具备投资银行的专业背景，懂得不良资产催收和处置手段，明了法律及财务运作。所以，银行要注重保全队伍培养及专业催收和处置技能培训，培育一批高素质的人才。可见，只有培育能够熟练运用创新方法的高素质人才是低成本和高效率使用创新方法处置不良资产的关键。

2. 构建资源共享及合作机制

银行不但要强化行内部门间合作，还要和资产管理公司和产权交易机构等建立永久合作，利用合力优势，构建一个功能优良的不良资产交易平台。同时，在充分利用外部资源的基础上，构建资产评估和财务顾问等有关中介、客户和人才的资源库，造就全方位的催收和处置平台。另外，银行要构建用现代网络打造的管理信息系统及不良资产处置系统，优化既有的信息系统，确保信息共享跨业务、跨区域和跨系统。

3. 健全不良资产处置机制

为了前移风险管理关口和改善不良资产质量。银行应适时监控资产风险，确保资产的源头控制及过程控制。给银行配置风险主管及风险监控专员，确保资产的事前预防、事中控制和事后监督。

二、构建专业化的催收处置体系

1. 关注贷后及薄弱环节的风险管理

在审批时设置限时审批和适当回避制度，确保审批效率。在资产集中管理后，要注重日常管理以及方案执行等过程的风险控制。分析资产管理各环节（特别是薄弱环节）的风险，关注主要风险，完善管理策略，改善处置效率。

2. 完善集中管理原则和模式

集中管理应根据集中、安全、稳妥和高效的原则，如果客户集中度低且管理半径长，那么可上收省会不良资产的"事权、档案及账务"，而地州分行除了债转股、拆借等集中以外，其他资产可采用集中额度、联合或委托管理。确保没集中的资产数量不断减少，管理重心上移。在管理模式上：①如果现有人员不够，通过招聘、借调或两种形式相结合的方式组建团队；②不良资产权属关系在账务划转后可以不改变；③可以采用直接让一级分行经营的组织形式；④可采用分行、营业部、分支行或分行认可的其他机构作为核算机构；⑤集中资产的范围在统一基础上可以扩大。

3. 整合资产

把各级行的不良资产上收到一级分行，进行专业化和集中化管理。在不良资产总量及比率不断下降的情况下，不良资产分布不合理，集中度高，单笔金额大，分级管理的传统模式已经缺乏规模效应。因此，集中管理不良资产，完全符合专业化和业务单元制的需要。集中管理不良资产，能够缩减经营环节和管理半径，从而改善处置效率，减少操作风险，与分散经营处置信息不对称、市场反应慢和谈判能力弱等形成鲜明对比。

三、创新资产处置方法

1. 委外催收和风险代理

委外催收和风险代理需要支付催收和代理费，但它能够改善不良资产的处置效率，因为它减少了催收和代理成本，使回收渺茫的贷款出现转机。委外催收适用于业务量大，金额较小的项目。而风险代理适用于部分贷款案件，这些案件的被执行人债权债务关系杂乱、资产很难控制或已被"处置"，对于这种资产，可请专业律师解决。

2. 推进损失类资产核销

银行要根据呆账核销政策法规，逐渐核销既有呆账。根据"用好制度、应核尽核"的指示，逐户清查，尽快核销。一方面，银行要有针对性地对已核销资产进行时效管理及催收处置，确保"账销、案在、权留"；另一方面，对照新核销办法，将满足条件的所有不能处置、损失小以及长期挂账的资产加紧处置。

3. 降低存量不良资产

首先，对恶意逃废债企业，银行必须通过诉讼或联合制裁，追讨债务。其次，对资不抵债企业，银行要通过自身的客户资源给企业引荐战略投资机构，借助投资银行挽救企业，降低信贷风险。再次，对有潜在偿还实力的企业，银行要通过司法催收以及减免利息等传统方式，规避信贷风险。处置中要适时利用最优方案催收贷款。又次，对公益性以及政府项目，要积极主动确定还款来源。通过经济、法律以及行政等办法，将既有不良资产减至可控水平。最后，对不适合查封、诉讼以及强制执行等办法处置的，银行要帮助企业兼并合作、债务重组及增资扩股等，协助企业改善经营，寻求和优质企业联合或推进产权制度改革，盘活存量资产。

4. 建立专家诊断会

对复杂性、集团性以及关联性强的不良贷款，银行要聘请专家，建立诊断会，帮助拟订和完善处置方案，参加方案的诊断以及谈判，研究处置重点和难点，负责监督、协调和研究处置中的关键问题。

5. 资本合股

由银行（甲）和民营投资企业（乙）联合成立一个合资企业。甲为企业合资的一方，以破产企业的资产作为资本投入，并主管融资；乙为合资的另一方，以现金作为资本投入，并管理资产。根据融资合同，资产处置收入先用于偿还甲的债权，若有剩余，则根据出资比例由甲和乙共享。

6. 债权转股权

银行如果不能按期收回这些不良资产（债权），则完全可以把这些不良资产按一定标准转变为企业股权。

7. 完善债权结构

为了充分提高信贷项目的内在价值，银行与信贷客户需要再拟定贷款条件，这些条件包括追加担保和抵押、拓宽信贷期限以及减免利息等，缓解客户偿还压力，提高客户偿还能力。

8. 订立资产管理合同

订立资产管理合同即银行与投资银行等机构订立资产管理合同，将这些不良资产全部置换出来，在资本市场进行集中处置。这在很多国家已经顺利运行多年。

9. 直接售出不良资产

首先，银行将不良资产按资产质量、规模以及地区等进行分类；其次，评估这些资产的价值；最后，根据评估价值拟定其市场价格，并通过一定市场渠道进行交易。

四、构建完善的绩效评价体系

银行不仅要正确估测资产损失率或回收率，还要合理确定处置业绩的主要考核指标，建立完善的绩效考核体系，以提高现金回收、减少资产耗费，确保资产保全部门的业绩得到真实体现。为此，银行要有恰当的经营目标，即便银行各个分支行处置不良资产的战略目标一致，部分分支行可能以较低的价格处置质地优良的不良资产，以完成任务。所以，应构建以提升价值为基础的激励相容约束机制及绩效评价体系。

五、加强成本控制

这可以大量减少不良资产损失，其成本控制主要包括以下三个方面：

1. 强化不良资产风险控制

问题贷款是表象，客户问题是本质。因此，银行要确立以客户问题为核心的处置思想，要求商业银行注重企业的经营管理以及财务状况，帮助问题客户开展专业化经营，同时也要时刻注意资产风险状况，强化对不良资产形成和等级下降等问题的研究，以降低拨备，减少损失，增强盈利。所以银行要以问题客户为核心的思想逐步取代以问题资产为核心的思想。在资产保全实践中，对问题客户的专业化动态经营十分欠缺，常常只是对不良资产进行静态处置。

2. 构建不良资产市场定价机制

构建市场化的不良资产评估体系，该体系以经验与数据为基础，银行可以采用评估和协商结合的定价方法对不良资产定价，也就是由中介机构评估不良资产的价值，然后由交易双方协商定价，经由市场量化其价值。银行应当建立不良资产定价制度和业务处理流程，从基础环节防范道德风险。

3. 追求回收价值最大化

加强成本管理，把资产处置的成本纳入业绩考核。杜绝暗箱操作，严防道德风险。另外，尽量减少诉讼与中介费用，从而减少回收成本，确保回收价值最大化。

第三节　不良资产增量风险的控制

一、严控关联企业贷款

一是要严格检查贷款申请。为了避免虚假申请，调查人员要深入企业调查其财务及资产状况等是否属实。二是授信审批部门要严格审批。严格审查借款人的贷款申请，特别是要认真核对报表中的主要资产项目，若有疑点，提出审查意见并跟踪调查。三是要关注贷款用途。在信息不对称时，监控贷款用途十分重要，只有尽早发现和阻止贷款挪用，才能有效化解信贷风险。因此，为了确保专款专用，在贷款发放前，银行应和借款人签订贷款监管协议。

二、企业信用等级评价

企业信用等级评价是指银行根据一定的标准对企业资信和财务等进行综合评价。当企业申请贷款时，首先，银行需要识别该企业的信用状况，进而作出"贷与不贷"的决定。通过信用等级评定来确定贷款交易对手，对控制银行的信用风险和道德风险方面大有裨益。

三、积极开展中间业务

将咨询顾问、贷款承诺及仓储等中间业务与控制信贷风险结合起来，能有效防止信贷风险。例如，通过开展信息咨询服务，银行不仅能为贷款销售提供信息，而且在被服务企业提出贷款申请时，银行对其信用状况及其所在的行业等，都比普通信贷调查有更深入的了解。

四、补充法定代表人

我国一些企业特别是中小企业法人治理很不完善，我国有很多企业无法偿还贷款，可其法定代表人却相当富裕。这种情况仅靠我国现行法律，催收贷款将举步维艰。因此，银行在给这些企业贷款时，不但要完善《贷款通则》和《担保法》所列示的抵（质）押担保手续，而且还应补充其法定代表人或实际控制人对贷款承担担保责任。建立这种担保责任制度的主要目的是通过合同条款，使企业的法定代表人或实际控制人对其贷款承担担保责任。

五、加强贷后管理

贷款发放后的管理工作十分重要，在贷款合同执行过程中，可能会产生很多难以预见的因素，形成新的信贷风险，所以要靠严密的授信人员的经验和管理制度来处理。

1. 检查内容

一是借款人检查，即详尽检查其经营管理等状况；二是贷款回笼检查，为防止资金体外循环，要密切关注贷款资金回流状况；三是资金周转检查，为防止资金转移，银行应密切关注企业在产、购、销等环节的资金使用及周转状况；四是贷款用途检查，确保贷款专款专用。

2. 检查方式及频次

一是非现场检查，每月一次；二是现场检查。第一次贷后检查，重点掌握借款人生产经营等状况、检查企业贷款用途。这通常在发放新增首笔贷款后 7 个工作日内实施。正常贷后检查，检查内容为例行全面检查。每月一次，特殊情况可顺延，但间隔期不得超过 3 个月。重点检查，检查内容为核实可疑情况。通常在非现场检查中发现可疑情况或预警信号出现时，随时进行。

3. 检查报告

在贷后检查后，管理人员应根据要求形成书面的贷后检查报告，呈报相关领导，提供决策参考。在发现可疑情况或重大情况时，要在第一时间口头报告。并将检查状况登录信贷管理信息系统。

第四节　本章小结

不良资产严重威胁商业银行的经营安全，针对不良资产的严重危害性，笔者对不良资产评估方法进行了深入研究，从偿债能力角度运用假设清算法对不良资产进行了价值评估，指出了假设清算法的适用范围、方法步骤、各类资产负债的评估原则及方法并剖析了使用该方法应注意的问题。另外，本章构建了商业银行不良资产保全体系，具体包括管理精细化、构建专业化的催收体系、创新资产处置方法、构建完善的绩效评价体系、加强成本控制和借鉴国外不良资产处置方法六个方面。最后提出了不良资产增量风险控制策略。

第六章　经济下行压力加大条件下
商业银行信贷风险防范和控制策略

商业银行在贷款过程前中后三个阶段都有信贷风险，都需要进行风险管理，而信贷过程风险管理除了前面述及的量化管理体系之外，还需要相应的配套策略。所以在信贷过程风险管理中，针对信贷资产风险的持续变化，银行应适时采取措施，应对信贷风险，并为下一期信贷过程风险管理提供借鉴。

第一节　银行 G2B 电子政务信息的完善策略

一、G2B 电子政务信息需求

在信贷风险管理中，银行的电子政务需求（Government to Business，G2B）就是要依据国家相关法律法规，结合政府电子政务系统以及银行贷款信息系统，利用税务和审计等政府机构的全部与信用调查相关的信息资源，完善贷前信贷决策和贷后跟踪管理，预防和控制以信用风险为主的信贷风险。贷前审查与贷后跟踪在信用调查中是最基础的部分，主要是了解企业偿还能力及与信贷风险相关的经营、财务管理问题。贷前信贷决策和贷后跟踪管理所需的 G2B 电子政务信息指标如表 6-1 所示。

表 6-1　信贷风险管理的企业 G2B 需求

企业信息	来源部门	企业 G2B 系统	信息指标
担保	工商	动产抵押信息系统	抵押/质押所有权、抵押/质押物变现度、保证人资格
	房产	不动产抵押系统	
	城建	土地使用权抵押系统	

续表

企业信息	来源部门	企业 G2B 系统	信息指标
经营	工商	企业信息系统	经营规模、市场地位、主要产品、市场前景
	统计	行业信息系统	
经营者	人事	信息系统	业绩、经历、经营者学历
财务	税务	信息系统	流动比率、速动比率、现金流量、资产负债率
	会计事务所	信息系统	
纳税	财务	纳税信息调查系统	不良记录、金额、纳税时间
存量贷款	中国人民银行	资信信息系统	拖欠机构及金额、贷款机构及金额、用途

二、路径选择

1. 直接服务决策

将获得的电子政务信息直接用于决策，例如，通过中央银行的企业贷款偿还记录及财务状况等，直接评估企业信用，如图 6－1 所示。

图 6－1 信息直接用于决策

2. 间接服务决策

间接服务决策即为了了解企业信用问题，把收集到的电子政务信息和企业自己提供的信息进行对比分析，假如企业提供的税务资料和税务机关的税务信息有冲突时，信贷人员应分析其原因，如图 6－2 所示。

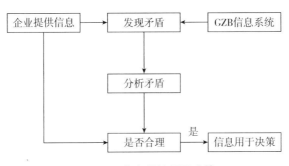

图 6－2 信息间接用于决策

第二节　资本准备和定价及证券化策略

一、信贷资产的资本准备

充足的资本准备有利于控制以流动性风险和信用风险为主的信贷风险，因此，它是银行安全性经营的前提。由于我国商业银行的资本充足率还没有实现国际公认的标准，因此，必须探寻新的资本充足手段，以改善我国商业银行资本充足率，因为国有商业银行短期内税后利润难以填补资本缺口。这就需要银行加强财务管理，开源节流。更为重要的是必须改善经营状况，只有通过利润转增资本，才能从根本上解决资本金充足性问题。所以银行要强化市场营销，创新金融产品，提供个性化金融服务（例如，基金委托业务），多渠道投资，扩大盈利，夯实核心资本，改善资本充足率。因此，这就要求商业银行必须引入境内外战略投资者及民间资本；通过长期次级债券和混合资本工具补充附属资本。

二、信贷资产的定价

在评估信贷资产风险后，还需要对其合理定价，一方面，此时信贷风险主要表现为信用风险、利率风险、政策风险和市场风险，如果定价过低，企业贷款意愿增强，银行信用风险增加；另一方面，银行遭受利率风险、政策风险和市场风险的概率也会扩大，银行损失的可能性增加。其实银行经营的实质就是经营风险。银行把风险内化后再对风险要素组合和定价，继而转嫁给其他投资主体并得到收益。

（1）改善贷款定价机制。银行需要优化设计组织结构。贷款定价机制要以市场为导向、兼顾安全性和盈利性。

（2）优化贷款定价模型。贷款定价原理就是指在全面考虑成本、风险以及盈利等因素后，银行科学确定贷款利率的行为。可见，贷款定价的关键是注重竞争策略并考虑风险、操作和资金等成本，进而获得经济利润。结合中国实际，借鉴国外先进商业银行的成本加成以及利润定价法，本书采用信贷风险调整后的资本收益率模型 RAROC 贷款定价模型。

RAROC 定价模型：

$$RAROC = \frac{Y - O - L}{E} \qquad\qquad (6-1)$$

于是贷款定价模型：

$$Y = RAROC \times E + O + L \qquad P = \frac{Y}{C} \qquad\qquad (6-2)$$

其中：

L = 风险敞口 × 违约损失率 × 违约概率

E = 贷款头寸 × 违约率的标准差

Y 表示收益，即一定时期利息收入。

E 表示经济资本，即根据未预期损失给每一笔贷款配备的资本数量。

O 表示经营成本，即经营管理成本。

L 表示预期损失，即贷款损失期望值。

P 表示贷款价格，即贷款利率。

C 表示贷款本金，即贷款头寸。

新巴塞尔协议的风险概念是必须用银行资本来覆盖的非预期损失。将 RA-ROC 值和银行最低收益率进行对比，进而确定风险和收益的匹配性，并以此确定最低贷款价格，确定贷和不贷以及相关的贷款条件。

（3）优化信贷风险量化。商业银行必须拥有高质量的管理信息系统（MIS）。银行不管使用何种定价模型，如果不能准确评估风险，就不能准确定价，而定价的精确性要求银行能准确计算经营成本以及贷款损失的可能性，可见，构建信贷风险评估体系是定价的前提条件。

二、信贷资产证券化

资产证券化是指权益人把缺少流动性，但现金流稳定的资产变成能在金融市场流通转让的证券的整个过程。证券化的实质就是投资主体多元化，分散投资风险。对银行来讲，信贷资产证券化特别是不良资产证券化能有效化解以信用风险为主的信贷风险。2008 年 11 月底招商银行宣布，总金额达 40.92 亿元的"招元 2008 年第一期信贷资产证券化信托"（ABS）在 2018 年 10 月底顺利发行完毕。这是从 2007 年央行与银监会批复的第二批证券化试点以后，继中信银行 40.77 亿元信贷支持证券发行后的第二只产品，招商银行有效地分散了信贷风险。另外，在 2009 年《新协议 II》的补充文件里，巴塞尔委员会吸取了金融危机中的教训，提出了第一支柱的修改意见：给予再证券化风险暴露更高的风险权重。

1. 选择基础资产

国外资产证券化的关键是资产要有能预测的稳定现金流，否则很难销售出去。当前我国抵押贷款现金流相对稳定、违约率低以及合同标准化等，因此，这是目前信贷资产证券化最佳的切入点。这为以后开展综合资产甚至不良资产证券化奠定基础。可见，我国的证券化资产道路经由优良资产到综合资产，再到不良资产的证券化道路是最科学的选择。

2. 组建特设机构（SPV）

银监会在《金融机构信贷资产证券化监督管理办法》中明确了信托是 SPV 唯一的设立形式。但信托对风险高的资产证券化，很难分散风险。所以应尽快完善相关法律和政策法规，确保组建 SPV 的形式多元化。

3. 培育投资者

在加强监管条件下，①设立资产证券化投资基金，使居民逐渐成为信贷资产证券化的投资主体，为其成功发行和流通奠定坚实基础。②放松对银行和保险资本进入资本市场的约束，并减免税收和精简纳税环节；另外，逐渐取消对境内外机构投资者入市以及规模的约束。

4. 发展中介机构

信用评级机构需要强化评级的科学性，监管部门应在制度上确保其独立性，为其创建一个竞争有序的市场环境。

5. 完善法律法规

（1）妥善处理发起人包销的会计处理原则、资产销售税、SPV 所得税及投资税等问题，科学处理证券化过程中的税务、会计以及报批程序等政策问题，另外，政府应在抵押权让渡、担保、证券化贷款以及保险等政策方面向资产证券化靠近，加大对信贷资产证券化的政策倾斜。

（2）修订《企业债券管理条例》及《公司法》，确保 SPV 作为发行债券的主体，规范 SPV 的市场准入、经营以及退出。

（3）把经得起实践检验的试点政策和相关管理办法等制度化甚至法律化，为资产证券化法律的颁布奠定基础。

第三节　信贷风险的分散与转嫁策略

科学合理的贷款定价和资本充足率是银行防范和控制信贷风险的第一道防

线。同时，银行还可通过历史数据资料，估测将来银行发生信贷风险的程度及产生损失的概率，进而运用各种先进的金融工具和手段来对冲、分散以及转嫁银行的各种经营风险。

一、投资组合理论与贷款分散化

20 世纪 50 年代，马柯维茨提出一种新的投资理论——投资组合理论，该理论认为，把许多风险资产组合到一起，能对冲大量以信用风险为代表的信贷风险，并因此提高整体的预期收益率。

分散风险是贷款组合管理的前提。如果银行在能源、农业、房地产等行业和特定地区贷款过多，就有可能招致该行业或地区经济倒退的侵袭。所以应最大限度地将贷款分散于不同的经济领域。银行可从以下三个方面进行资产组合管理：一是创新贷款形式，推行银团贷款以及再贷款；二是合理分布贷款对象，银行应将贷款分散在不同国家、地区及行业；三是科学设计贷款期限，使短期、中期以及长期贷款比例适度。

二、资产负债综合管理

风险管理是商业银行资产负债管理的核心。商业银行不仅应该确保资产与负债的总量匹配，有效控制全局性信贷风险，还应确保资产与负债的期限与利率匹配，尽量减少资产与负债的净暴露，降低金融风险，获得较高收益。

1. 资金蓄水池法

资金蓄水池法即把银行全部资金来源集中到一起，无须关注这些资金的性质。这种方法通常将资金分成五类：

第一类，满足客户借款和提存需要；

第二类，为提高资产流动性，买入短期和高质量的证券；

第三类，贷款；

第四类，购买期限较长的有价证券，其资金来源于满足贷款合理需求后的资金剩余；

第五类，固定资产投资，其最高限为银行自有资金。

这是根据流动性来分配资金，首先，确保第一类资金需要；其次，满足第二类需要；再次，满足第三类贷款和证券投资；又次，满足第四类长期贷款和证券投资；最后，满足第五类固定资产投资。该方法关注的是资产的流动性。

2. 资产匹配法

根据资金来源的稳定性，首先，把这些资金划分成若干个"流动性—盈利性"资金站；其次，根据每个资金站的特点，把这些资金分配到不同的领域，例如，短期资金可以分配到第一类准备、第二类准备中，若再有剩余，则可用于中期贷款和中期证券，如图 6-3 所示。

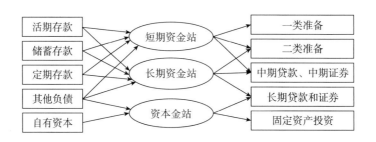

图 6-3　资金匹配

3. 差额管理法

该方法是一种专门进行盈利性管理的较好方法，但可行性不高，因为利率预测十分困难。对于这种方法，市场利率预测对于商业银行来讲十分重要，当预测利率下滑时，必须缩减利率敏感性资产，增大利率敏感性负债；反之亦然。这种方法的核心思想是根据利率变动的预测调整浮动利率负债和浮动利率资产两者的差额，从而缓冲利率风险，改善盈利状况。

4. 资产分配原理

资产分配原理又称偿还期对称法，即银行依据资金来源的流动性来分配盈利资产与现金资产，也就是保持银行资产和负债的偿还期对称。该原理的主要特征是用负债的期限结构约束资产的期限结构，如果负债到期，那么资产也到期，通过对应的到期资产改善银行的清偿能力。

三、缺口管理

这种理论是在资产负债综合管理基础上产生和发展起来的，现已成为国外大银行常用的防范利率风险的技术。其包括利率敏感性缺口管理和久期缺口管理（持续期缺口管理）。

1. 利率敏感性缺口管理

利率敏感缺口（RSG）等于计划期内利率敏感性资产减去利率敏感性负债。利率敏感性资产（RSA）是指将要到期或展期的贷款及浮动利率贷款，利率敏感性负债（RSL）涵盖将要到期或展期的大额定期存单、货币市场借款及浮动利率存款。缺口包括正缺口和负缺口，两者相等时称为零缺口，这时银行才能彻底规避利率风险。其公式表达如下：

$$G = A - L \tag{6-3}$$
$$AG = A - L > 0 \tag{6-4}$$
$$LG = A - L < 0 \tag{6-5}$$

其中：G 表示利率敏感性缺口；A 表示利率敏感性资产；L 表示利率敏感性负债；AG 表示资产敏感性缺口（正缺口）；LG 表示负债敏感性缺口（负缺口）。

利率缺口管理有积极和消极缺口管理两类：

（1）消极缺口管理。该方法是一种防范性缺口管理，即保持利率敏感性缺口约等于零，以确保稳定的净利息收入。因为缺口为零，所以利率波动对资产与负债的影响正好抵消，进而增加银行损益的稳定性。

（2）积极缺口管理。该方法是银行在不同阶段对收息资产、存款以及货币市场借款等主动采取不同缺口策略，从而取得更高收益率。当银行预测利率上升时，因为资产收入的扩大大于借入资金成本的扩大，净息差扩大，若其他条件保持不变，则净利息收益增加。此时银行主动营造正缺口，尽可能放大净息差；当预测利率下降时，利率敏感性负债成本的减少大于利息收入的减少，净息差也扩大，净利息收入也增加，主动创造负缺口，通过降低成本扩大净息差。若银行预测准确，则净利息收入增加。利率缺口管理思想如表 6-2 所示。

表 6-2　利率缺口及利率变动对银行收入的影响

利率敏感缺口	利率变动（预期）	利息收入变动	利息支出变动	净利息变动
正	S	1	1	1
负	S	1	1	-1
零	S	1	1	0
正	X	-1	-1	-1
负	X	-1	-1	1
零	X	-1	-1	0

注：S、X、1、0 和 -1 分别代表上升、下降、增加、不变和减少。

2. 久期缺口管理

久期是根据时间对现金流现值和到期期限加权。久期重点关注全部现金流入和全部现金流出的时间管理，衡量将来现金流量的平均期限。

久期实质上是指收回某一项投资所需的平均时间。其式（6-6）如下：

$$D = \frac{\sum_{i=1}^{m} PV_i \cdot i}{P_0} \tag{6-6}$$

其中，D 表示久期（持续期）；P_0 表示金融工具即期价格；PV_i 表示金融工具第 i 期现金流（利息或本金）现值；m 表示金融工具到期时间。

久期缺口管理也和利率敏感性缺口管理一样有积极管理和消极管理两类。积极管理及其后果如表6-3所示。

表6-3　积极久期缺口管理及其后果

利率变动（预期）	管理行动	净利息变动
上升	减少 D_a，增加 D_l	增加
下降	增加 D_a，减少 D_l	增加

注：D_a 表示资产持续期，D_l 表示负债持续期。

消极缺口管理是通过调整资产和负债比例，确保久期缺口等于零，其等价于如式（6-7）：

$$D_a \times A = D_l \times L \tag{6-7}$$

其中，D_a、D_l、A 和 L 分别代表资产久期、负债久期、总资产和总负债。

四、采用衍生工具控制信贷风险

1. 利率衍生工具

利率衍生工具相对于其他工具而言能更灵活地规避和转嫁以利率风险和市场风险为代表的信贷风险。这就像格林斯潘（1994）（美联储前主席）认为的一样，将各种风险转嫁给愿意经营这些风险的人。

（1）利率期权。利率期权诞生于20世纪80年代，主要包括封顶利率期权与保底利率期权两种。

在基准利率突破利率上限时，期权买方获得卖方支付的利息差额，这种交易形式称为封顶利率期权。

其公式如下：

$$利息差额 = 合同金额 \times （基准利率 - 上限利率） \times \frac{天数}{365} \tag{6-8}$$

这种交易方式适用于当预测利率上升，期权买方（银行）从事套期保值，以规避借入资金的利率风险，但又追求利率降低的低成本，该融资成本线，如图6-4所示。

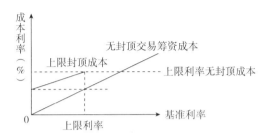

图6-4　封顶期权筹资成本线

而保底期权和封顶利率期权正好相反，该交易方式的收益线，如图6-5所示。在预测利率下降时，银行希望进行套期保值，以规避利率风险，但又追求利率上升时的收益。其公式如下：

$$利息差额 = 合同金额 \times (下限利率 - 基准利率) \times \frac{天数}{365} \qquad (6-9)$$

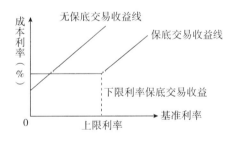

图6-5　保底期权筹资收益线

（2）利率互换。指同一种货币固定利率与浮动利率的互换。其做法是：持有同种货币资产或负债的交易双方，以一定的本金为计息基础，其中一方以固定利息换取另一方的浮动利息。通过互换，交易的一方将其固定利率的资产或负债转换成了浮动利率的资产或负债。交易的另一方达到了相反的效果和目的。利率互换之所以会发生是因为各经济主体的资信状况不同，从而使他们的融资成本不同，其中，一部分经济主体在浮动利率资金方面成本较低，占绝对成本优势，另一部分则在固定利率资金方面的融资成本较低,也占绝对成本优势;也可能有一部分经济主体在浮动利率和固定利率两方面均有绝对成本优势,而另一部分经济主体在浮动利率和固定利率方面均不具有绝对成本优势。但相对而言,不具绝对成本优势的经济主体可能在某一领域上的成本差距较小,我们称其在这方面具有相对优势。如果各经济主体均对自己有绝对或相对优势的资金有需求,那就没有互换交易的必要。但是如果各经济主体所需要的资金恰好不是自己的绝对或相对优势方面,并且恰好存在一对成本优势互补的经济主体,他们就可以通过互换交易来达到降低成本的目的。假定有甲、乙两个银行,他们在金融市场的融资成本如表6-4所示。

表6-4 金融市场融资成本

成本	甲银行	乙银行	甲对乙绝对成本优势
固定利率资金的成本(%)	10	12	2
浮动利率资金的成本(%)	LIBOR + 0.5%	LIBOR + 0.75%	0.25%

由表6-4可以看出,甲银行无论在固定利率资金还是在浮动利率资金方面都具有绝对成本优势。但其中甲银行在固定利率方面的优势更大一些(2% > 0.25%),所以我们称甲银行在固定利率融资方面有相对优势,相应地称乙银行在浮动利率方面有相对成本优势。

如果甲银行需要筹集一笔浮动利率资金,而乙银行需要筹集一笔固定利率资金。虽然甲银行在浮动利率资金方面比乙银行有0.25%的优势,其只需花LIBOR + 0.5%的利率水平即可获得所需资金,但是如果其参与互换的话,就会发现它能够以更低的价格获得这笔资金。例如,在互换协议的安排下,甲乙两银行分别筹集一笔相同金额的固定利率和浮动利率资金(各自的相对优势),然后甲银行向乙银行支付利率为LIBOR + 0.25%的利息,相应地,乙银行向甲银行支付利率为11%的利息,在互换后,甲银行获得资金的成本是LIBOR - 0.75% (=10% + LIBOR + 0.25% - 11%),而乙银行的资金成本为11.5% (= LIBOR + 0.75% + 11% - LIBOR - 0.25%)。这种互换为甲银行节省了1.25%的利息成本,为乙银行节省了0.5%的利息成本。通过互换使甲、乙两银行的融资成本都达到了降低的目的。当然这一节省幅度根据不同的互换条件而不同。该交易过程如图6-6所示。

图 6－6　利率互换交易过程

（3）利率期货。指交易双方订立的，约定在未来某一日期以成交时确定的价格交收一定数量的标准化契约，该契约是以利率相关商品（各种债务凭证）为基础的合同文件。

2. 信用衍生工具

信用衍生工具产生于 20 世纪 90 年代中期，在金融危机后，相继发生的一系列金融事件引起的动荡，使人们更加关注信用衍生工具的应用，2005 年，全球信用衍生品交易合同额已达到约 6 万亿美元，而至 2007 年末，根据国际清算银行统计，全球场外金融衍生产品合约未偿还余额为 596 万亿美元，市场价值达 14 万亿美元；相比之下，2017 年末交易所金融衍生产品合约未偿还余额仅为 81 万亿美元，不足场外金融衍生产品市场规模的 14%。

信用衍生工具的诞生使银行能够主动进行组合信用风险管理，改变了传统的风险规避管理模式。这些工具包括以下部分：

（1）信用利差衍生工具。信用利差是指证券收益率与无信用风险收益率（如国库券利率）之间的差额。信用利差互换主要是为了规避、防范因证券发行人信用等级下降而导致的风险损失。例如，某银行发放一笔贷款给甲公司，同时与另一信用衍生产品交易者签订一个以甲公司发行的债权为标的资产的信用利差互换合约。并且规定该银行为甲公司的多头。该互换合约规定，银行向其交易对手支付用浮动利率（以国库券利率加上一个固定的利差来表示）计算的利息；同时其交易对手向该银行支付一个甲公司债券的收益率。当甲公司的信用等级下降，从而导致该银行对甲公司的债权本金受到损失，因甲公司的债权价格下降，收益率上升，从而使该银行可以从互换中获得一定的收益，该银行用这笔收益来弥补本金损失，可以有效地减轻风险损失。其交易过程如图 6－7 所示。

（2）信用违约互换。信用违约互换是一种双边金融合同。其中希望规避信用风险的一方为信用保护购买方（这里指银行），向风险规避方提供信用保护的一方称为信用保护出售方。信用保护购买方根据双方签订的合约，在规定的期限

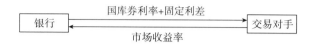

图 6-7 信用利差互换原理

内向信用保护出售方支付一笔费用（通常以固定利息来计算）从而购得对方对其信用的保护，相应地信用保护出售方在收取对方的预付费用后，就必须承担以下责任：当信用风险事件（如违约）发生后，信用保护出售方必须全额补偿信用保护购买方因发生信用风险而导致的损失；如果信用风险事件在合同有效期内没有发生，则信用保险出售方就可以获得这笔预付费用从而产生收益。而通过支付一笔预付费用，信用保护购买方就可以保护自己不会遭受信用风险发生所带来的损失，达到避险的目的。其原理如图 6-8 所示。

图 6-8 信用违约互换

（3）总收益互换。这是与信用违约互换相似的信用衍生产品。所不同的是总收益互换不但转移了信用风险，同时还转移了利率风险。其原理为：总收益互换的一方（总收益支付者）在合同有效期内向愿意承担违约风险和利率风险的交易对方支付标的资产的总收益（包括利息和预付的费用等）。作为交换，其交易对手（总收益接受方）将按浮动利率（如以 LIBOR 加一个差额来表示）付利息给总收益支付者。同时，如果标的资产因价格发生有利于总收益支付者的变化，总收益支付者也应将这笔资本利得支付给总收益接收方。相应地，总收益接收方必须承担如下责任：一旦标的资产价格发生不利变动而使总收益支出方发生损失时，其必须全额补偿其资本损失。从而使总收益支付方不但没有资本损失的风险，同时也能得到一定相对有保证的利率（以 LIBOR + 固定利差表示），从而达到避险目的。在总收益互换中，没有涉及本金的互换问题，这是总收益互换与资产互换最大的区别。其原理如图 6-9 所示。

（4）信用违约期权。信用违约期权是以违约事件的发生与否作为标的物的期权合约。其中期权的购买方（即风险规避方）通过向期权出售方支付一笔期权费，从而获得在规定的日期将信用风险引起的损失转移给期权出售方的权利。

对于期权出售方而言，他收取了一定的期权费，同时必须承担以下义务：一旦在期权合同有效期内发生信用违约事件，则他必须赔偿期权买方的损失（顺应购买方的要求）；如果没有发生违约，则出售方在合同有到期后就可获得这笔期权费从而产生收益。其原理如图6－10所示。

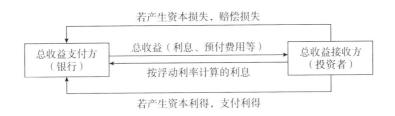

图6－9 总收益互换

图6－10 信用违约期权原理

第四节 商业银行信贷内部控制策略

商业银行信贷内部控制如果不合理，就会产生操作风险，进而导致以信用风险、市场风险、流动风险和政策性风险为代表的信贷风险。因此，银行要创造良好的控制环境和完善信贷风险评估体系。

一、完善信贷风险评估体系

1. 完善风险管理部门职能

为了确保信贷风险评估的完整性以及连续性，银行需要不断提高风险管理部门在所有部门中的重要性，应该不断培训和招聘风险评估专家，以应对巨变的全球金融环境。风险管理部门及职能如图6－11所示。

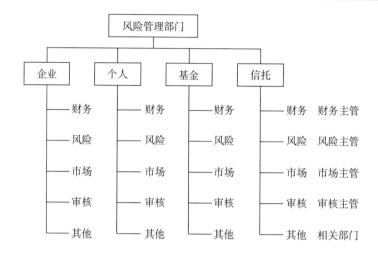

图 6-11　风险管理部门

2. 加强稽核检查

内部稽核是信贷风险的再控制。银行需要完善稽核机制，改善稽核手段，确保稽核在信贷经营中产生积极作用。这就需要实行审计稽查考核制度，全面体现稽查部门的监督职能。

3. 改善评估技术

由于我国银行信贷风险评估专业人员少和内部评级水平低，银行应该和国际性专业评级机构合作；注重行业分析，完善内部评级数据库；吸收国际一流的评估技术。这就能顺应当前国际性银行经由定性向定量探求风险源头的历程。

4. 构建和完善信息系统

一是提高银行会计信息的真实性，二是构建涵盖业务活动、信息汇报以及决策支持等比较完善的信息系统，如图 6-12 所示。银行需要培训或招聘数据分析专家，对这四类数据进行分析，改善信贷决策。

二、营造良好控制环境

1. 健全法人治理结构

不断完善银行产权制度和法人治理结构，保证各部门责权明确。构建以董事会负责决策、监事会负责监督以及经营部门主抓经营的三位一体的管理框架。

2. 营造内部控制文化

银行要确立"以人为本"的管理理念，激发员工的积极性和创造性，让所有员工都完全认同这种内控文化，并为此而努力；同时要对员工进行素质教育、职业道德教育和在职培训，确保每个员工明确自己岗位的职责要求，尽力挖掘内控问题及存在的风险，主动用金融政策及职业道德作为行动指南，从上到下营造优良的内控文化。

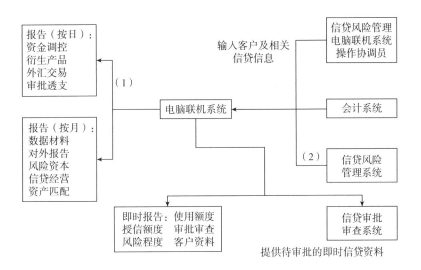

图 6－12　信贷风险管理系统基本结构

第五节　集团客户信贷风险防范策略

由于集团客户业务往来错综复杂，银行贷款招致以信用风险和政策风险为代表的信贷风险增加。因此，银行要采取应对措施，防范信贷风险。

（1）充分利用信息。一是为了提高集团客户报表合并信息的真实性，银行要仔细审查这些报表的关系。二是严防集团客户道德风险，多渠道获取企业信息。

（2）确保项目贷款的还贷来源。根据信贷项目评估理论，银行需要明确集团客户还贷管理要求。客户优良的财务状况是衡量集团客户偿还能力的最起码标准。另外要密切关注项目的收益变动，锁定风险范围。

（3）严防政策风险。一是依据《公司法》和公司章程，在信贷过程风险管理中，对集团客户及关联企业的股权投资合规性进行仔细审查。二是仔细审查项目资本金，确保其真实性。

（4）前移风险控制关口。一是从制度上落实项目评估责任。二是为保证银行权益，应健全授信和用信的各种合同。三是银行需要和与客户融资额较大的相关贷款银行进行联合监控，必要时可以发放银团贷款。同时建立针对集团客户的风险管理体制。

（5）提高风险识别水平。一是上级行应该全方位、分层次培训信贷人员，不断改善信贷人员的业务水平。因为在集团客户的贷款管理比较复杂的情况下，信贷人员的责任心与热情只是信贷业务的基本要求的一部分。二是建立专人负责集团客户的制度。

第六节　深化银行供给侧结构性改革

第一，积极构建多层次、广覆盖、有差异的金融机构体系。基本形成商业性、开发性、政策性和合作性金融共同发展的格局，为实体经济的发展提供强有力的金融支持。例如，发挥大型银行的头雁效应，通过改进内部的激励约束机制，科技赋能，大幅度提升金融服务的质效，股份制银行要实现差异化经营，做出自己的特色，明确自己的市场定位。再有就是城商行、农商行、农信社，这些小一点的机构恰恰要立足于当地，服务好小微、"三农"。确保银行保险机构的乡镇机构覆盖率超过95%。

第二，加强金融的有效供给，不断优化融资结构。随着我国经济的不断发展，人民对美好生活的向往，在金融领域的体现就是需求的多样化、个性化和多层次的问题，为了配合这种需求，我们如何提供有效供给是一大难题。当前，银行业从信贷的余额上来讲已经达到了150万亿元，新增贷款增速也是不低的，但是在结构问题上，在满足人民群众美好生活需要方面还有很大的差距。下一步，我们还要坚持有扶有控，努力精准提供金融服务，加大对经济社会发展的重点领域和薄弱环节的支持，逐步压缩退出"僵尸企业"，把无效、低效占用的信贷资源腾出来，支持我们需要发展的领域。例如，基础设施行业贷款2019年上半年新增达到了1.32万亿元，科技服务业和信息技术服务业的贷款增速均保持在15%以上。另外，21家主要银行绿色信贷的余额已经超过了10万亿元。下一步，我们还会下大力气调整融资结构，也就是说现在我们是直接融资太少，间接融资占比较高，在扩大直接融资方面，我们要增加对民营企业债券的投资，拓宽保险资金、银行理财产品的投资范围，为资本市场和债券市场的发展提供长期稳定的资金来源。

第三，要创新和丰富的金融产品体系，来满足多样化的金融需求。通过多措并举，破解金融服务中的难点、痛点和堵点问题，例如，在信贷流程方面，银行保险机构也加大了创新，银行加大了续贷产品的开发力度，努力提高贷款期限与企业生产周期相匹配，特别是注重提高中长期贷款尤其是制造业中长期贷款所占比重；在业务模式方面，针对科创企业等轻资产型企业融资难的问题，推动银行发展知识产权、股权和应收账款等质押融资，另外，着力发展供应链融资在技术运用方面，鼓励银行保险机构充分运用互联网、大数据和人工智能来提升我们的技术，提升金融服务的时效性、便捷性和可得性，不少银行现在已经做到了足不出户、秒申秒贷，有效地满足了企业的一些"短、小、频、急"的融资需求。同时我们也认识到，银行机构的经营理念、创新能力和服务水平还不适应高质量发展的需求，银保监会将继续按照党中央、国务院的部署，在推进金融供给侧结构性改革方面下更大的功夫，因为这项工作只有进行时，没有完成时。

第七节　本章小结

管理信贷风险是全部商业银行信贷过程风险管理的重点工作，其目的是规避商业银行的信贷经营和管理风险，确保信贷收益最大化。本章深入分析了信贷过程风险管理的风险防范和控制策略。该策略体系包括如下方面：完善企业电子政务信息；充实信贷资产资本准备，合理定价和推行资产证券化；适时分散、对冲和转嫁信贷风险；完善信贷内部控制制度等几个方面。接下来对以上信贷过程风险管理理论进行实证研究。

第七章　经济下行压力加大条件下信贷过程风险管理实证研究

在信贷过程风险管理理论研究之后，有必要检验这些理论的应用价值。由于国有银行是中国银行业的主体，本书选取了某国有商业银行为实证研究对象。

第一节　案例背景

某国有商业银行业绩良好，管理优质，种类丰富，具体表现如下：

1. 银行概况

某国有商业银行（以下简称 A 银行）于 1954 年建立，历史悠久，1996 年改名。A 银行由原银行于 2004 年分设成立，吸收了原银行的商业性业务及其有关资产负债。A 银行总部在北京。2018 年底，A 银行现有员工大约 30 万人；在纽约、伦敦和悉尼建立了代表处，在中国香港、新加坡等地建立了分行，在内地有13374 家分支机构。

2. 主营业务现状

业务范围较广，经营业绩良好，详细内容如下：

（1）业务范围及规模。在金融市场方面，自营式代客买卖，涵盖外汇和衍生产品买卖；组合投资，例如，投资有价证券；货币市场业务，涵盖回购交易和同业拆借交易；在个人业务方面，主要涵盖个人贷款、银行卡、个人理财、存款、证券代理以及汇款等产品；在公司业务方面：向金融机构、政府机构以及公司客户提供代理、存款、融资、公司贷款，托管和担保、汇款和结算、现金管理、顾问和咨询等产品。良好的经营业绩得到巩固。

2018 年底，A 银行负债总额 7.09 万亿元，同比增长 14.8%（其中客户存款增长 19.6%），流动性比较充裕；资产总额突破 1 万亿美元大关，达 7.56 亿元，同比增长 14.5%（其中贷款和垫款总额达 3.79 万亿元，同比增长 16.0%；实现净利润 0.09 亿元，同比增长 34.0%；税前利润达 0.11 万亿元，同比增长 18.8%；经营收入 0.27 万亿元，同比增长 22.2%）。

（2）2018 年经营现状。A 银行树立平稳经营的思想，综合经营、结构调整以及业务转制成效显著，风险控制以及客户服务水平逐渐改善。信贷质量逐渐优化。资本准备充足稳定。截至 2018 年底，资本充足率及核心资本充足率分别为 12.2% 和 10.2%，均符合监管要求；股权回报率和资产回报率分别为 20.7% 和 1.3%，同比提高 1.18% 和 0.16%，净利息收益率同比提高 6 个基点至 3.2%，领先全球同业；不良贷款率达 2.2%，同比减少 0.4%。拨备覆盖率（减值准备与不良贷款之比）上升为 131.6%，同比提高 27.2%。收益水平明显改善。

1）积极寻求战略合作。A 银行的小客户能够享受"一站式"贴心服务，因为其在新加坡淡马锡帮助下积极推行小企业创新模式——"信贷工厂"；A 银行还在私人银行和投资银行、财富和风险管理等方面获得淡马锡的培训和咨询服务。A 银行和战略投资者已经确定了多方共赢的合作框架。A 银行和美国银行全年建立了 42 个经验培训以及分享项目，推出了 16 个战略协助方面的项目。他们不仅加快零售业网点转型，而且还通过电子银行使呼叫中心接通率超过 90%，信用卡行为和住房贷款申请评分卡等风险管理产品已在全行普及使用，针对小企业，共同开发了小额无抵押循环信用产品。

2）完善内部控制。A 银行顺利完成了"2018 - 1"不良资产证券化重整项目，这是国内同业关于问题资产证券化的最早尝试。A 银行风险控制能力不断增强，根据新资本协议，补充完善了评分卡和客户评级体系。另外备付管理十分稳健，货币政策调整、冰冻雪灾以及汶川地震等并没有造成流动性困难。可见，A 银行不断提升内控水平，内部控制（以平行作业和垂直管理为主轴）持续稳健，树立了"掌握关键、全员参与、洞察市场、读懂客户"的风险意识。

3）理顺信贷结构。A 银行从与自身偏好及宏观政策不匹配的领域主动撤出，2018 年撤出 644.6 亿元信贷资金。为了扶危济困，对部分领域及地区全面推行非限制性审批及行业准入，例如，四川、甘肃等地震灾区，至 2018 年底，合计放出 276.6 亿元信贷资金。2018 年，A 银行把信贷重点转向关系国计民生的中小企业、机构业务以及涉农产业等，把宏观政策执行和信贷结构优化结合在一起，主动顺应市场形势。

第二节　商业银行贷前风险的识别和测度

一、基于 Logit 的商业银行信贷风险量化

从上面提及的国有商业银行同一行业的信用贷款客户中随机提取 60 个样本，前 35 个样本用于估计模型及参数，后 25 个样本用于外推预测检验。根据表 3-1 设计的指标体系对这些指标进行规范化处理，用二元离散变量代表信贷结果，1 代表贷款成功，0 代表贷款失败。这些客户样本观测值如表 7-1 所示。其目的是研究分析预测值和各个指标的相互关系，为正确贷款决策提供依据。

表 7-1　2018 年企业信用指标状况

样本	净资产收益率 X_1	总资产净利率 X_2	应收账周转率 X_3	存货周转率 X_4	资产负债率 X_5	流动比率 X_6	速动比率 X_7	市场占有率 X_8	资本保值增值率 X_9	其他因素 X_{10}
1	10.12	5.99	65.89	15.11	45.24	1.12	0.81	0.123	1.16	0.92
2	0.90	0.46	8.65	24.77	42.94	1.03	0.97	0.002	1.01	0.11
3	8.15	4.18	7.11	9.30	51.12	1.29	0.86	0.016	1.10	0.15
4	13.06	9.96	133.53	21.15	30.93	1.35	1.02	0.064	2.71	0.89
5	10.07	5.30	55.51	12.63	54.77	1.07	0.81	0.095	1.06	0.74
6	10.18	4.62	29.01	29.00	53.33	0.83	0.51	0.086	1.13	0.93
7	5.45	4.13	113.24	9.59	24.59	1.81	1.27	0.010	1.02	0.76
8	6.06	3.49	91.21	11.43	49.51	1.01	0.83	0.039	1.18	0.06
9	3.41	1.88	11.59	4.93	44.57	1.05	0.54	0.034	1.14	0.43
10	9.19	9.18	70.04	22.42	16.41	5.01	4.82	0.016	1.64	0.93
11	15.10	10.19	23.94	7.38	34.40	1.47	0.99	0.036	1.19	0.95
12	12.25	6.95	22.47	2.86	52.44	1.43	1.14	0.014	2.66	0.97
13	16.72	10.53	69.85	7.06	44.81	1.66	1.28	0.032	1.36	0.94
14	10.51	3.93	23.23	6.73	34.23	0.63	0.37	0.025	1.16	0.97
15	10.74	5.37	90.21	4.27	53.88	1.02	0.59	0.009	1.13	0.07
16	15.76	9.63	302.77	9.03	55.21	0.69	0.28	0.031	1.43	0.94

样本	净资产收益率 X_1	总资产净利率 X_2	应收账周转率 X_3	存货周转率 X_4	资产负债率 X_5	流动比率 X_6	速动比率 X_7	市场占有率 X_8	资本保值增值率 X_9	其他因素 X_{10}
17	8.59	5.96	72.81	2.61	41.33	1.67	0.88	0.015	1.76	0.98
18	10.14	9.84	12.87	3.82	16.49	3.59	2.38	0.003	1.82	0.93
19	23.71	11.49	14.99	3.06	54.69	1.10	0.63	0.006	1.16	0.48
20	0.76	0.44	108.97	5.23	45.43	0.79	0.52	0.082	1.08	0.12
21	12.83	8.00	39.54	13.07	45.55	1.43	1.07	0.037	1.14	0.86
22	12.54	0.84	44.01	19.72	28.99	1.61	1.23	0.052	1.45	0.97
23	12.84	8.32	59.02	2.91	39.33	1.75	0.78	0.019	1.13	0.92
24	10.14	5.08	18.07	6.56	55.54	1.22	0.57	0.012	1.02	0.08
25	5.04	4.45	72.92	25.22	13.64	3.55	3.42	0.004	1.06	0.69
26	5.68	3.92	45.20	4.86	31.88	2.03	1.51	0.015	1.12	0.62
27	10.11	6.62	65.45	20.68	43.17	1.40	1.22	0.066	1.07	0.98
28	10.00	5.90	82.78	5.07	42.30	1.14	0.70	0.059	1.13	0.96
29	11.96	8.19	50.07	10.07	36.30	0.98	0.71	0.036	1.15	0.97
30	10.08	9.76	480.71	7.14	23.51	1.55	0.85	0.019	1.86	0.95
31	0.50	0	30.02	5.17	57.01	1.25	1.12	0.011	0.83	0.04
32	4.92	0.02	600.01	6.45	66.96	1.2	0.98	0.190	1.86	0.96
33	1.65	0.01	100.32	10.23	42.16	1.79	1.11	0.032	1.55	0.94
34	-2.48	0.01	70.73	15.4	41.43	1.53	0.79	0.014	0.56	0.02
35	4.87	0.04	300.61	6.16	11.8	2.73	1.34	0.020	1.46	0.98
36	16.21	11.2	34.95	8.48	34.51	1.58	1.05	0.047	1.21	0.86
37	13.26	7.96	32.48	3.87	53.45	1.54	1.25	0.025	2.78	0.88
38	17.82	11.63	79.86	8.16	45.82	1.76	1.39	0.043	1.47	0.85
39	11.52	4.94	33.24	7.74	35.24	0.74	0.48	0.036	1.27	0.86
40	11.75	6.48	100.31	5.37	54.98	1.13	0.61	0.011	1.24	0.08
41	16.86	10.73	402.78	10.04	56.24	0.7	0.39	0.042	1.54	0.85
42	9.61	6.97	82.82	3.51	42.34	1.78	0.98	0.026	1.87	0.89
43	11.24	10.94	22.88	4.83	17.59	3.61	2.49	0.014	1.93	0.84
44	24.72	12.59	25.11	4.16	55.79	1.21	0.74	0.017	1.27	0.39
45	1.77	1.54	118.21	6.33	46.48	0.82	0.63	0.093	1.19	0.03
46	13.93	8.1	49.64	14.17	46.58	1.54	1.18	0.048	1.25	0.77

续表

样本	净资产收益率 X_1	总资产净利率 X_2	应收账周转率 X_3	存货周转率 X_4	资产负债率 X_5	流动比率 X_6	速动比率 X_7	市场占有率 X_8	资本保值增值率 X_9	其他因素 X_{10}
47	13.55	1.85	54.11	20.73	29.99	1.72	1.34	0.063	1.56	0.88
48	13.85	9.33	69.12	3.92	40.43	1.86	0.89	0.021	1.24	0.83
49	11.24	6.19	28.17	7.66	56.55	1.34	0.68	0.023	1.13	0.09
50	6.14	5.55	82.94	26.23	14.65	3.56	3.53	0.015	1.17	0.61
51	6.78	4.93	55.31	5.87	32.89	2.14	1.62	0.026	1.23	0.53
52	11.21	7.62	75.55	21.78	44.27	1.51	1.34	0.076	1.18	0.89
53	11.21	7.92	92.88	6.17	43.45	1.24	0.81	0.061	1.24	0.87
54	12.93	10.29	60.18	11.17	37.41	0.11	0.82	0.047	1.26	0.89
55	11.18	10.76	490.81	8.24	24.52	1.64	0.96	0.021	1.97	0.86
56	1.52	1.01	40.12	6.27	58.11	1.36	1.22	0.023	0.93	0.05
57	5.93	1.03	610.11	7.55	67.97	1.31	1.12	0.21	1.97	0.87
58	2.66	1.05	110.12	11.33	43.26	1.81	1.23	0.043	1.68	0.85
59	-1.58	1.02	80.74	16.51	42.44	1.64	0.81	0.025	0.67	0.03
60	5.89	1.05	310.52	7.26	12.87	2.84	1.45	0.032	1.57	0.89

1. 数据采集

在数据采集过程中，抽样误差、代表性以及可靠性是选取样本考虑的核心问题。抽样误差即为因抽样形成的样本与样本、样本与总体的各种统计指标间的差异。代表性即确保样本全面体现总体的实际状况。可靠性即每一个样本属于预定的同质总体。样本企业所在行业及其规模影响样本的抽样误差及其代表性。不同行业的企业财务特性会存在差异，例如，生产流程、经营性质以及生产周期等都不一样，企业财务指标（代表企业的生产经营及财务状况）肯定会有一定的区别。综上所述，本书选取了同一行业的相关企业进行信用分析和评价。

2. 估计模型

采用第三章的 Logit 模型估计方法，以 Y 为被解释变量、常数项，X_1，X_2，…，X_{10} 为解释变量，得到如表 7-2 所示的输出结果。

这里使用了二次爬坡法进行优化（Quadratic Hill Climbing），最大迭代次数为10，误差临界值为0.0001，从输出结果得回归方程：

表 7 - 2　Logit 模型参数估计输出结果

变量	参数估计	标准差	Z 统计量	显著水平
C	- 8. 914490	14. 43570	- 0. 617531	0. 5369
X_1	- 0. 001099	0. 008386	- 0. 131039	0. 8957
X_2	0. 602224	0. 753200	0. 799555	0. 4240
X_3	- 0. 009102	0. 021697	- 0. 419522	0. 6748
X_4	0. 215977	0. 377462	0. 572181	0. 5672
X_5	- 0. 280302	0. 333509	- 0. 840463	0. 4006
X_6	4. 523864	11. 87012	0. 381114	0. 7031
X_7	- 7. 315863	13. 87709	- 0. 527190	0. 5981
X_8	59. 800260	83. 04972	0. 720054	0. 4715
X_9	14. 457910	17. 89119	0. 808102	0. 4190
X_{10}	- 0. 422326	8. 076766	- 0. 052289	0. 9583
Mean dependent var	0. 714286	S. D. dependent var		0. 458349
S. E. of regression	0. 279495	Akaike info criterion		0. 985860
Sum squared resid	1. 874814	Schwarz criterion		1. 474684
log likelihood	- 6. 252556	Hannan-Quinn criter.		1. 154602
Restr. log likelihood	- 20. 939440	Avg. log likelihood		- 0. 178644
LR statistic（10 df）	29. 373760	McFadden R - squared		0. 701398
Probability（LR stat）	0. 001084			
Obs with Dep = 0	10	Total obs		35
Obs with Dep = 1	25			

$$Y = 1 - @\,\text{logit}\big[\,- (\,- 8.914490 - 0.001099X_1 - 0.602224X_2 - 0.009102X_3 -$$
$$0.215977X_4 - 0.280302X_5 - 4.523864X_6 - 7.315863X_7 -$$
$$59.80026X_8 + 14.45791X_9 - 0.422326X_{10})\,\big] \qquad (7 - 1)$$

3. 模型分析

该模型使用爬坡法经过 10 次迭代即可实现精度要求，拟合优度 R-squared 为 0.701398。通过输出结果可得模型违约率实际值、拟合值以及残差概率分布，如图 7 - 1、图 7 - 2 所示。

输出结果的拟合值与实际违约率大致相符，残差不大，且以 0 为中心，呈现标准正态分布，仅有 3 个偏离值，具体结果如表 7 - 3 所示。每个解释变量都能很好地阐释企业违约风险发生的可能性，不但与经济理论吻合，而且与现实情况相符，解释变量符合先验符号。

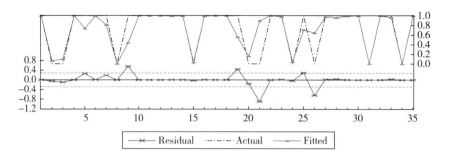

图 7 - 1　客户信贷违约率实际值、拟合值及残差的概率分布

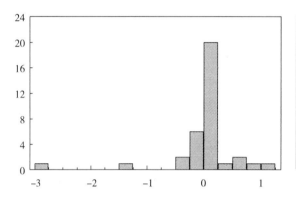

图 7 - 2　标准差正态性检验

4. 模拟和预测

将表 7 - 1 后面 25 个样本代入式（7 - 1），进行外推预测，仅有 2 个离异值，预测准确率达到 92%，如表 7 - 3 所示。可见，运用式（7 - 1）能够很好地判别企业信用状况，可以为商业银行提供决策依据。

方程表明，若各项指标已知，代入贷款决策式（7 - 1），就能够求出贷款成功的概率。如把表 7 - 1 中第 10 个样本观测值代入方程，求出括号内的值。根据逻辑分布表，可得逻辑分布值等于 0.1735。所以，Logit 理论预测值 = 1 - 0.1735 = 0.9988，该客户贷款成功的概率等于 99.88%，银行可以向其发放贷款。

因此，若有一个新客户，根据客户财务报表等资料，将其相关财务指标代入模型，就能求出贷款成功的概率，并做出是否向该客户贷款的决定。通过实证研究，Logit 回归模型能够对企业违约或破产概率进行比较准确的预测。表 7 - 4 列示 Logit 回归模型对 25 家企业在 2018 年是否违约的分类情况。因为回归方程建立在这些解释变量基础之上，所以对这些企业分类的准确率较高。模型估计的第一类错误（去真）仅为 5.56%，第二类错误（存伪）为 14.29%，预测的总体准确率达 92%。

表7－3　客户信贷违约率实际值、拟合值及残差分布

样本	实际值	拟合输出	拟合值	残差	残差分布图
1	1	1	0.99821	0.99947	| . * . |
2	0	0	0.05742	0.04051	| . * | . |
3	0	0	0.09652	0.07944	| . * | . |
4	1	1	1.00000	0.99999	| . * . |
5	1	1	0.73217	0.67813	| . | *. |
6	1	1	0.99302	0.99757	| . * . |
7	1	1	0.81225	0.83695	| . | *. |
8	0	0	0.00039	0.00038	| . * . |
9	1	0	0.44020	0.45345	| . | . * |
10	1	1	0.99883	0.99962	| . * . |
11	1	1	0.99879	0.99933	| . * . |
12	1	1	1.00000	1	| . * . |
13	1	1	0.99144	0.99371	| . * . |
14	1	1	0.99367	0.95638	| . * . |
15	0	0	0.03008	0.02793	| . * . |
16	1	1	0.99106	0.97793	| . * . |
17	1	1	0.99972	0.99996	| . * . |
18	1	1	1.00000	0.99999	| . * . |
19	1	1	0.55749	0.61498	| . | . * |
20	0	0	0.15737	0.26704	| . * | . |
21	0	1	0.89498	0.92804	| * | . |
22	1	1	0.99988	0.99999	| . * . |
23	1	1	0.98004	0.98839	| . * |
24	0	0	0.03859	0.03223	| . * |
25	1	1	0.70701	0.73738	| . | * |
26	0	1	0.64191	0.52665	| * . | . |
27	1	1	0.97677	0.96238	| . *. |
28	1	1	0.95817	0.93142	| . *. |

续表

样本	实际值	拟合输出	拟合值	残差	残差分布图
29	1	1	0.99236	0.99428	| . *. |
30	1	1	1.00000	0.99999	| . *. |
31	0	0	8.5E − 06	8.74E − 07	| . *. |
32	1	1	0.99756	0.98741	| . *. |
33	1	1	0.96396	0.98871	| . *. |
34	0	0	0.00030	0.00042	| . * . |
35	1	1	0.99983	0.99998	| . * . |
36	1	1	0.99988		
37	1	1	1		
38	1	1	0.99946		
39	1	1	0.99604		
40	0	0	0.27128		
41	1	1	0.9933		
42	1	1	0.99999		
43	1	1	1		
44	1	1	0.95006		
45	0	0	0.45546		
46	0	0	0.48848		
47	1	1	0.99999		
48	1	1	0.99819		
49	0	0	0.29108		
50	1	1	0.95521		
51	0	1	0.92661		
52	1	1	0.99603		
53	1	1	0.99359		
54	1	0	0.17806		
55	1	1	1		
56	0	0	9.35E − 06		
57	1	1	0.99921		
58	1	1	0.99882		
59	0	0	0.00911		
60	1	1	0.99999		

表7-4 Logit 回归模型的分类预测

预 测			
		信贷违约情况	分类预测正确率
	观测值	0	1	—
信贷违约情况	0	6	1	85.71
	1	1	17	94.44
整体预测正确率		92		

估计结果显示：①预测结果非对称性，需要将定量和定性结合起来分析企业信贷违约与否，不能仅靠定量分析，不然很小的失误就会酿成大错，损失惨重，同时结果如实体现了实际情形，企业业绩越差，道德风险越大，企业业绩越好，伪账越少；②模型预测的总体准确率较高，此模型在量化企业贷前风险过程中发挥了重要作用。

二、基于神经网络的商业银行信贷风险量化

通过 Logit 回归模型确定了符合贷款条件的客户之后，还有必要进一步确定这些客户的信用等级。由于信贷风险各个指标的非线性以及复杂性，这里通过神经网络模型对贷前风险进行量化分类评级。

1. 指标和样本数据选取

这些指标分为10类，其中财务类指标来源于各个企业的财务报告，定性指标通过专家在 [0，1] 打分量化，最后模型的输入值为各项大指标下小指标的加权平均数，具体指标如表3-1所示。

2. 模型设计和训练

根据模型特点和指标数量，确定这些企业的评估模型结构为 $10 \times m \times 5$。因为有35个训练样本数量。根据隐含节点数量在输入与输出节点数量两者之和的 $50\% \sim 80\%$ 的传统原则，隐含节点数量 m 在区间 [9，13] 之间。这里对每一个 m 值构建评估模型，权衡这几个模型的分类准确率和训练效率，以确定最恰当的隐含节点数。通过比较得出这些企业的评估模式适合于隐含节点数量为11的三层 BP 神经网络结构，即为 $10 \times 11 \times 5$，也就是评估模型包含 10 个输入节点、11个隐含节点以及 5 个输出节点。

这里通过结合改变学习率和动量项的手段来提高模型的训练效率，权衡学习效率及收敛速度，确定学习效率 $\beta = 0.1$，动量因子 $\alpha = 0.9$。在权衡评估模型分

类精度与收敛速度的基础上，因信贷违约与否对分类精度要求不高，且收敛（训练）速度很快，于是评估模型的误差界值 R 取 0.15。本书借助 Matlab 7.0 工具分析和论证神经网络模型评估风险的准确性。这些企业的五级分类信用训练过程，如图 7-3 所示。

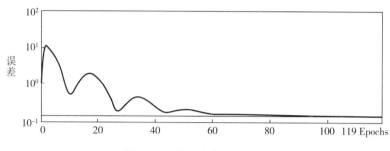

图 7-3　信用分类训练过程

从图 7-3 可以看出，五级分类的信用训练次数达到 119 次，便满足精度要求。从表 7-6 可以看出，对表 7-1 的前 35 个样本中符合贷款条件的 26 个样本的信用五级分类准确率达到 92%，其中样本 14 和样本 18 两个样本分别被提高和降低了一个信用等级。

3. 模型检验

从表 7-5 的仿真结果看出，Elman 神经网络很准确地拟和了企业信用级别。但是，我们不能由此认为，构建的 Elman 网络是完全合理的，Elman 网络的优劣还需要根据该网络的外推能力来确定。本书使用表 7-1 后 25 个样本中符合贷款条件的 18 个贷款客户作为测试样本；对上述建立的企业信用评价模型进行检验；结果如表 7-5、表 7-6 所示，总体预测准确率高达 94.44%，可见该模型具有较好的预测性能。

上述研究结果显示了基于 Elman 神经网络的商业银行信贷风险评估模型有很高的可靠性与正确性。这可以为商业银行关于贷款利率和其他贷款条件的确定提供强有力的技术支持。

表 7-5　仿真测试的全部结果

序号	样本	应用输出	训练输出					训练等级	实际等级
1	1	0 0 1 0 0	0.4812	0.3989	0.4871	0.4820	0.0351	A	A
2	4	0 0 1 0 0	0.4812	0.3989	0.4871	0.4820	0.0351	A	A

续表

序号	样本	应用输出	训练输出					训练等级	实际等级
3	5	0 0 0 0 1	0.0819	0.2490	0.2313	0.1381	0.5953	BB	BB
4	6	0 0 1 0 0	0.4812	0.3989	0.4871	0.4820	0.0351	A	A
5	7	0 0 0 0 1	0.0819	0.2490	0.2313	0.1381	0.5953	BB	BB
6	10	0 0 1 0 0	0.4812	0.3989	0.4871	0.4820	0.0351	A	A
7	11	0 0 1 0 0	0.4812	0.3989	0.4871	0.4820	0.0351	A	A
8	12	1 0 0 0 0	0.4423	0.1257	0.1194	0.0418	0.2956	AAA	AAA
9	13	0 0 1 0 0	0.4812	0.3989	0.4871	0.4820	0.0351	A	A
10	14	0 0 1 0 0	0.0749	0.2917	0.1443	0.1332	0.2305	AA	AA
11	16	0 0 1 0 0	0.4812	0.3989	0.4871	0.4820	0.0351	A	A
12	17	0 1 0 0 0	0.0749	0.2917	0.1443	0.1332	0.2305	AA	AA
13	18	1 0 0 0 0	0.0749	0.2917	0.1443	0.1332	0.2305	AA	AA
14	19	0 0 0 0 1	0.0819	0.2490	0.2313	0.1381	0.5953	BB	BB
15	21	0 0 0 0 1	0.0819	0.2490	0.2313	0.1381	0.5953	BB	BB
16	22	0 1 0 0 0	0.0749	0.2917	0.1443	0.1332	0.2305	AA	AA
17	23	0 0 0 1 0	0.1825	0.2985	0.2337	0.3200	0.1072	B	B
18	25	0 0 0 0 1	0.0819	0.2490	0.2313	0.1381	0.5953	BB	BB
19	26	0 0 0 0 1	0.0819	0.2490	0.2313	0.1381	0.5953	BB	BB
20	27	0 0 0 0 1	0.0819	0.2490	0.2313	0.1381	0.5953	BB	BB
21	28	0 0 0 1 0	0.1825	0.2985	0.2337	0.3200	0.1072	B	B
22	29	0 0 1 0 0	0.4812	0.3989	0.4871	0.4820	0.0351	A	A
23	30	1 0 0 0 0	0.4423	0.1257	0.1194	0.0418	0.2956	AAA	AAA
24	32	0 0 1 0 0	0.4812	0.3989	0.4871	0.4820	0.0351	A	A
25	33	0 0 0 1 0	0.1825	0.2985	0.2337	0.1072	0.3200	B	B
26	35	0 1 0 0 0	0.0749	0.2917	0.1443	0.1332	0.2305	AA	AA
27	36	0 1 0 0 0	0.0749	0.2917	0.1443	0.1332	0.2305	AA	AA
28	37	1 0 0 0 0	0.4423	0.1257	0.1194	0.0418	0.2956	AAA	AAA
29	38	0 1 0 0 0	0.0749	0.2917	0.1443	0.1332	0.2305	AA	AA
30	39	0 0 1 0 0	0.4812	0.3989	0.4871	0.4820	0.0351	A	A
31	41	0 0 1 0 0	0.4812	0.3989	0.4871	0.4820	0.0351	A	A
32	42	0 1 0 0 0	0.0749	0.2917	0.1443	0.1332	0.2305	AA	AA
33	43	0 0 1 0 0	0.4812	0.3989	0.4871	0.4820	0.0351	A	A

续表

序号	样本	应用输出	训练输出					训练等级	实际等级
34	44	0 0 0 1 0	0.1825	0.2985	0.2337	0.3200	0.1072	B	B
35	47	0 1 0 0 0	0.0749	0.2917	0.1443	0.1332	0.2305	AA	AA
36	48	0 0 1 0 0	0.4812	0.3989	0.4871	0.4820	0.0351	A	A
37	50	0 0 0 1 0	0.1825	0.2985	0.2337	0.3200	0.1072	B	B
38	51	0 0 0 0 1	0.0819	0.2490	0.2313	0.1381	0.5953	BB	BB
39	52	0 0 1 0 0	0.1825	0.2985	0.2337	0.3200	0.1072	B	B
40	53	0 0 1 0 0	0.4812	0.3989	0.4871	0.4820	0.0351	A	A
41	55	1 0 0 0 0	0.4423	0.1257	0.1194	0.0418	0.2956	AAA	AAA
42	57	0 1 0 0 0	0.0749	0.2917	0.1443	0.1332	0.2305	AA	AA
43	58	0 0 1 0 0	0.4812	0.3989	0.4871	0.4820	0.0351	A	A
44	60	0 1 0 0 0	0.0749	0.2917	0.1443	0.1332	0.2305	AA	AA

表 7 – 6　企业信用等级分布情况

		预　测					
		信贷违约情况					分类正确率（%）
	观测值	AAA	AA	A	B	BB	
信贷违约情况	AAA	2	—	—	—	—	100
	AA		6	—	—	—	100
	A	—	—	6	1	—	85.71
	B	—	—	—	2	—	100
	BB	—	—	—	—	1	100
正确率		94.44					

通过上面实证得出如下结论：

（1）准确衡量信贷风险的评估结果与降低了信贷风险的评估结果两者均为银行希望的评估结果。

（2）基于 Elman 神经网络的商业银行信贷风险评估模型在信用分类评级方面预测准确率高达 94.44%，完全可用于信用分类评级。

第三节　信贷风险预警分析

一、指标体系递阶层次结构的构建

结合 AHP 法与信贷风险预警的实际需要，根据萨迪标度及专家意见构建各层判断矩阵。由于篇幅有限，只在各指标层选择一组指标值构建判断矩阵，如表 7-7、表 7-8、表 7-9 所示。

表 7-7　准则层判断矩阵 $C-C_i$

	C_1	C_2
C_1	1	2
C_2	1/2	1

表 7-8　战略层判断矩阵 C_1-C_{1i}

	C_{11}	C_{12}	C_{13}	C_{14}
C_{11}	1	5	4	3
C_{12}	1/5	1	3	1/3
C_{13}	1/4	1/3	1	1/5
C_{14}	1/3	3	5	1

表 7-9　指标层判断矩阵 $C_{21}-C_{21i}$

	C_{211}	C_{212}	C_{213}	C_{214}
C_{211}	1	2	3	5
C_{212}	1/2	1	3	4
C_{213}	1/3	1/3	1	2
C_{214}	1/5	1/4	1/2	1

二、指标体系权重的确定

在给 m 个指标 a_1，a_2，$\cdots$，a_m 赋值与构建判断矩阵后，还需要确定指标权重。确定指标权重的方法有好几种，本书通过方根法推算出判断矩阵的最大特征根，接着求出其特征向量，进而算出这 m 个指标在 a_1，a_2，$\cdots$，a_m 中的相对权重 δ_1，δ_2，$\cdots$，δ_m。详细步骤如下：

（1）判断矩阵每行全部元素的几何均值

$$\bar{\delta_i} = (\bigcap_{j=1}^{m} a_{ij})^{\frac{1}{m}} (j = 1, 2, \cdots, m) \tag{7-2}$$

（2）归一化处理每行的几何均值

$$\delta_i = \bar{\delta_i} / \sum_{i=1}^{m} \bar{\delta_i} (i = 1, 2, \cdots, n) \tag{7-3}$$

于是 $\delta = (\delta_1, \delta_2, \delta_3, \delta_4)'$

通过以上步骤，就能够推出各预警指标在本层的相对风险权重，例如，准则层 2 的判断矩阵 $C_1 - C_{1i}$ 指标权重的推算，其步骤如下：

第一步：求出每行全部元素的几何均值：

$$\bar{\delta_1} = \sqrt[4]{1 \times 5 \times 4 \times 3} = 2.783$$

$$\bar{\delta_2} = \sqrt[4]{1/5 \times 1 \times 3 \times 1/3} = 0.669$$

$$\bar{\delta_3} = \sqrt[4]{1/4 \times 1/3 \times 1 \times 1/5} = 0.359$$

$$\bar{\delta_4} = \sqrt[4]{1/3 \times 3 \times 5 \times 1} = 1.495$$

第二步：归一化处理：

$$\sum_{i=1}^{4} \bar{\delta_i} = \bar{\delta_1} + \bar{\delta_2} + \bar{\delta_3} + \bar{\delta_4} = 5.306$$

$$\delta_1 = \bar{\delta_1} / \sum_{i=1}^{4} \bar{\delta_i} = 2.213/4.786 = 0.525 \quad \delta_2 = \bar{\delta_2} / \sum_{i=1}^{4} \bar{\delta_i} = 0.707/4.786 = 0.126$$

$$\delta_3 = \bar{\delta_3} / \sum_{i=1}^{4} \bar{\delta_i} = 0.453/4.786 = 0.068 \quad \delta_4 = \bar{\delta_4} / \sum_{i=1}^{4} \bar{\delta_i} = 1.414/4.786 = 0.282$$

于是准则层 2 各项指标的权重如表 7-10 所示。其他各层指标的权重依据以上步骤确定，可以用计量软件完成。其中准则层 1 及指标层的判断矩阵 $C_{21} - C_{21i}$ 如表 7-11、表 7-12 所示。其中准则层 1 的判断矩阵包含对财务类和非财务类两类指标的比较判断，而这里的指标层判断矩阵包含对创新能力、发展潜力、管理水平以及信誉的比较判断，通过两两比较判断，确定指标权重。

表 7 – 10 准则层 2 各项指标权重

	C_{11}	C_{12}	C_{13}	C_{14}	δ_i
C_{11}	1	5	4	3	0.525
C_{12}	1/5	1	3	1/3	0.125
C_{13}	1/4	1/3	1	1/5	0.068
C_{14}	1/3	3	5	1	0.282

表 7 – 11 准则层 1 各项指标权重

	C_1	C_2	δ_i
C_1	1	2	0.667
C_2	1/2	1	0.333

表 7 – 12 指标层 C_{21} – C_{21i} 各项指标权重

	C_{211}	C_{212}	C_{213}	C_{214}	δ_i
C_{211}	1	2	3	5	0.469
C_{212}	1/2	1	3	4	0.314
C_{213}	1/3	1/3	1	2	0.138
C_{214}	1/5	1/4	1/2	1	0.079

三、一致性检验

因为在萨迪标度表中采用 1 ~ 9 对既定的两项指标对某因素影响水平进行标注，结果可能部分标度的倒数为循环小数，如果使用四舍五入法，将会使 a_{ij} 和 a_{ji} 的成立条件被破坏，进而破坏判断矩阵一致性的条件——唯一非零特征根 $\varepsilon_{max} = m$。另外，在因素 i、j、k 的重要程度相当时，专家在两两比较指标时，可能出现 i 比 k 重要，j 比 i 重要，而 k 又比 j 重要等问题，这在指标较多时容易出现。可见，根据两个因素互相对比所得的判断矩阵在很多情况下不一致。所以，这里必须对判断矩阵实行一致性检验。AHP 法一般使用随机一致性比率 CR 进行检验，如式（7 – 5）所示。

$$a_{ij} = \frac{1}{a_{ji}} \varepsilon_{max} = \frac{1}{m} \sum_{i=1}^{m} \frac{(A\delta)_i}{\delta_i} \tag{7 – 4}$$

$$CR = CI/RI \quad CI = \frac{\varepsilon_{max} - m}{m - 1} \tag{7 – 5}$$

其中，CI 表示一致性指标，m 表示判断矩阵阶数，ε_{max} 表示判断矩阵最大特征值，RI 表示修正值自由度指标，又称标值，如表 7 – 13 所示。

表 7 – 13　修正值自由度指标 RI

维数	1	2	3	4	5	6	7	8	9
RI	0.00	0.00	0.58	0.90	1.12	1.24	1.32	1.41	1.45

如果 CR 越大，则判断矩阵的一致性就越差，反之亦然，当 $\varepsilon_{max} = n$ 与 $CR = 0$ 时，判断矩阵具有完全一致性，通常在 $CR \leqslant 0.1$ 时，就可以判定判断矩阵具有一致性，不然就再进行对比，一直到检验合格。

因为准则层 1 判断矩阵仅涉及两个指标的对比，所以专家判断产生矛盾的概率为零，没有必要进行一致性检验。但是如果判断矩阵涉及三个（含三个）以上指标的两两对比时，产生矛盾的概率相当大，所以需要一致性检验，这里以准则层判断矩阵 $C_1 - C_{1i}$ 为例进行一致性检验：

第一步：求判断矩阵的 ε_{max} 值。

因为：

$$\begin{pmatrix} 1 & 5 & \cdots 3 \\ 1/5 & 1 & \cdots 1/3 \\ 1/4 & 1/3 & \cdots 1/5 \\ 1/3 & 3 & \cdots 1 \end{pmatrix} \begin{pmatrix} 0.525 \\ 0.125 \\ 0.068 \\ 0.282 \end{pmatrix} = \begin{pmatrix} 2.268 \\ 0.528 \\ 0.297 \\ 1.172 \end{pmatrix}$$

$$\varepsilon_{max} = \frac{1}{m} \sum_{i=1}^{m} \frac{(Aw)_i}{w_i} = \frac{1}{4} \times \left(\frac{2.268}{0.525} + \frac{0.528}{0.125} + \frac{0.297}{0.068} + \frac{1.172}{0.282} \right) = 4.267$$

第二步：进行判断。

根据 $m = 4$，查修正值自由度指标可得 $RI = 0.90$。

则：

$$CI = \frac{\varepsilon_{max} - m}{m - 1} = \frac{4.267 - 4}{3} = 0.089$$

由于 $CR = CI/RI = 0.089/0.9 = 0.099 < 0.1$，表明该准则层判断矩阵具有一致性。各层指标判断矩阵根据以上步骤，都满足 $CR \leqslant 0.1$，因此，符合一致性检验的要求。

于是可得全部指标的权重，准则层和指标层第一列的权重是各指标在本层级的相对权重，其第二列的权重是这些指标在所有层级即整个指标体系中的权重（都是战略层的相对权重），如表 7 – 14 所示。

表 7－14　各层指标权重

准则层 1	权重	准则层 2	局部权重	全局权重	指标层	局部权重	全局权重
C_1	0.667	C_{11}	0.525	0.350	C_{111}	0.255	0.089
					C_{112}	0.202	0.071
					C_{113}	0.156	0.055
					C_{114}	0.387	0.136
		C_{12}	0.126	0.084	C_{121}	0.323	0.027
					C_{122}	0.315	0.027
					C_{123}	0.362	0.030
		C_{13}	0.068	0.045	C_{131}	0.124	0.006
					C_{132}	0.295	0.013
					C_{133}	0.378	0.017
					C_{134}	0.203	0.009
		C_{14}	0.282	0.188	C_{141}	0.420	0.079
					C_{142}	0.221	0.042
					C_{143}	0.182	0.034
					C_{144}	0.177	0.033
C_2	0.333	C_{21}	0.353	0.118	C_{211}	0.469	0.055
					C_{212}	0.314	0.037
					C_{213}	0.138	0.016
					C_{214}	0.079	0.009
		C_{22}	0.225	0.075	C_{221}	0.256	0.019
					C_{222}	0.275	0.021
					C_{223}	0.244	0.018
					C_{224}	0.225	0.017
		C_{23}	0.422	0.141	C_{231}	0.145	0.020
					C_{232}	0.232	0.033
					C_{233}	0.277	0.039
					C_{234}	0.336	0.047

四、信贷风险预警综合指数构建及使用

1. 构建和使用过程

（1）信贷风险预警综合指数的构建。获得某一层各指标的相对权重及其在整个指标体系的权重是构建综合预警指数的前提和基础。这些指标在整个指标体系相对权重的演算如下：首先，根据 AHP 法获得的这些指标相对于本层的权重和其上一层的权重求积，获得这些指标相对于上一层的权重，直到获得这些指标相对于战略层的权重；其次，把这些指标数值和其相应权重求积，就得到信贷风险综合预警指数。

（2）信贷风险综合预警指数的运用。由上文分析及综合指数模型（4-1），可得信贷风险预警综合指数 R 为：

$$R = 0.089 \times C_{111} + 0.071 \times C_{112} + 0.055 \times C_{113} + 0.136 \times C_{114} + \cdots +$$

$$0.020 \times C_{231} + 0.033 \times C_{232} + 0.039 \times C_{233} + 0.047 \times C_{234} = 0.82$$

在演算预警风险综合指数时，财务指标数值（即风险指数）根据本身实际、本期数值以及行业状况等确定一个标准数比较得到，而非财务指标数值全通过专家打分，加权平均得到其数值，并直接代入上述模型，就能获得 A 银行某一时期的信贷风险预警综合指数，进而对贷款风险进行五级分类管理，这有利于缓解信贷管理的信息不对称问题。因为借款人和经办的信贷人员对借款企业的还款实力及还款愿望的了解程度远远超越银行其他部门和管理层。因此，他们都可能隐瞒贷款的相关信息。而五级分类法需要高层管理人员、信贷管理人员及信贷员准确和全面地掌握和贷款相关的所有信息，同时通过 MIS（管理信息系统），确保贷款信息以及分类结果能够及时共享。

2. 国外银行确定五级分类管理临界值的两种形式

（1）运用概率论与数理统计的区间估计确定临界值。

（2）结合企业实际、行业水平、国际标准以及历史数据确定临界值。确定临界值是运用预警模型的重要环节。

本书采用第二种形式，根据风险程度将信贷风险预警综合指数分成损失类、可疑类、次级类、关注类和正常类五级，分别用红、橙、黄、蓝、绿各色灯区表示由高到低的不同信贷风险级别。

为了能直观地描述信贷风险变化趋势，这里根据第四章的灰色预测理论，结合综合预警指数模型，运用 Eviews 软件或预警综合指数软件，得出 2018 年 2~7 月的数据，如表 7-15 所示。于是便可绘出信贷风险预警信号图，如图 7-4 所示。

表7－15 信贷风险灰色预警模型应用

月份	1	2	3	4	5	6	7
综合指数	0.82	0.74	0.65	0.54	0.50	0.46	0.42
预警分类	关注	次级	次级	可疑	可疑	可疑	关注

准确反映预警综合指数的月度变化，该图描述了案例述及的国有商业银行某笔企业贷款的预警综合指数在2018年1～7月的变动趋势。这个趋势图表明该企业的综合风险处于可疑状态，前7个月风险上升趋势明显，灰色预测得到的第7个月的结果显示该企业的风险状态将下调为次级。这主要由于企业的偿债比率、发展比率不太理想，存在较大风险，银行需要密切关注这两方面；另外，该企业发展水平欠佳，因此，银行也需要留意非财务方面。所以，银行逐步缩减该企业的信贷额度，将其列入贷款"黑名单"，化解信贷风险。

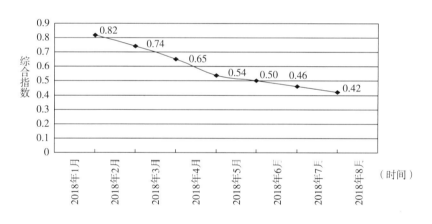

图7－4 信贷风险灰色预警趋势

可见，利用综合预警指数，运用灰色理论，将贷款按指数大小分别划分成正常类、关注类、次级类、可疑类和损失类的五级分类管理，能够很好地将定性和定量结合起来，克服了以前只注重定性分析和流于形式的弊端，需要指出的是，五级分类预警所需要的指标体系必须可靠，能全面反映借款企业的财务及非财务状况，可见五级分类管理的准确预测是有条件的，若条件满足，可以增强信贷风险控制能力。

第四节　不良资产管理实证剖析

一、不良资产现状及存在的问题

1. 不良资产状况

2000 年该国有商业银行将 199 亿元不良资产剥离到长城资产管理公司，还剩下 346 亿元不良资产，截至 2018 年末，不良资产升至 451 亿元。A 银行的不良资产有如下显著特征：

（1）比率偏高。随着国民经济的发展，企业投资需求越来越大，对银行贷款的需求也越来越大，A 银行的不良资产不断积累。1999 年创历史新高。截至 2000 年 4 月，通过一年多的时间，A 银行共剥离 199 亿元不良资产，使不良资产急速下降。截至 2016 年底，A 银行共有 308 亿元不良资产，不良资产率仅为 24%，为 A 银行进入 21 世纪的最低值，可是从 2016 年起，不良资产率又开始上升。

（2）可疑类和损失类贷款比例高。2018 年在根据五级分类的不良资产中，A 银行可疑类和损失类贷款分别占 25.14% 和 30.25%，资产质量比较差。这主要是因为有些企业即便能保持生产，但严重亏损，无力还贷，产生可疑类贷款；还有一些企业由于经济转轨，经营惨淡，亏损巨大，有的名存实亡，有的被逼破产，产生损失类贷款。

（3）行业集中度高。通过分析 A 银行的信贷资产集中度，并结合相关资料得到 A 银行信贷资产分布状况，如表 7 - 16 所示。

表 7 - 16　2018 年不良资产的行业分布　　　　单位：百万元

项目	次级贷款	可疑贷款	损失贷款	不良资产合计
个人贷款	667.78	258.87	391.61	1318.26
公共管理	985.45	104.68	653.69	1743.82
零售批发	21.03	2645.35	4898.94	7565.32
建筑业	950.71	348.64	486.42	1785.77
工业	30478.34	3511.53	7990.46	41980.33
农业	3036.12	33.82	2554.47	5624.41

A 银行信贷投向和其他银行相同，不良资产集中在工业和零售批发，而工业不良资产达到 69.95%，数额巨大，批发和零售的不良资产达 12.61%，行业集中度过高，信贷风险较大。

2. 不良资产形成原因

（1）粗放经营管理产生的不良资产。只注重数量上的扩张不注重质量上的提高是粗放经营的主要特点。20 世纪 80 年代后期，A 银行为了提高其市场占有率，积极向城市推进，并在信贷管理上采取了粗放经营政策，调低信贷门槛，或明或暗介入股票市场与期货市场，在金融监管不成熟，重经营轻管理的情形下，违规现象时有发生。

（2）信贷规模扩张产生的不良资产。一方面，截至 2014 年末，A 银行在房地产领域的不良资产达到 3.1 亿元；另一方面，贷款大幅度增加潜藏了新的不良资产，并可在短期内降低 A 银行的不良资产率（以下简称不良率）。因为在计算不良率时，贷款总额不断增长，新增贷款在短期内不会表现为不良贷款，分子不变，但分母加大，于是不良率在表面上不断下降，但实际上潜藏的风险巨大。

（3）企业自身经营管理不善。企业由于不了解市场、产品开发设计落后、营销不力而使产品积压，导致亏损；还有一些企业由于资不抵债，为了生存，在各个银行多头开户，骗取银行贷款。由于与原贷款银行既没有业务联系，也没有还债计划，导致原开户行不能监督其经营管理和资金运用。

二、A 银行不良资产管理现状及问题

A 银行为了控制存量和增量不良资产，实施了大量举措，产生了一定的效果，但还存在以下一些问题：

1. 管理现状

A 银行根据《贷款通则》第 40 条推行了审贷分离制度。构建了信贷审批委员会。首先，在信贷客户提供贷款申请之后，客户部对其初步审查；接着管理部对其信贷风险再审查，将结果报贷审会办公室。其次，由其把结果分发给贷审会的各个委员，由贷审会进行审议，由委员表决，其行长拥有贷款审批的最终决定权。针对授权类信贷业务，管理部在行长签字后，才能办理贷款发放的相关手续。最后，客户部把数据发送到中央银行的信贷登记咨询系统，定期或不定期地对该项贷款进行跟踪检查监督，并将贷款按五级分类法进行分类。

当 A 银行在控制增量不良资产时，和其他银行相似，推行了授权审批、审贷分离、贷款证以及贷款评级等制度。例如，依据各个分行实际情形，A 银行在授权审批制度中规定了二级分行给单个客户最大综合授信额度为 1 亿~3 亿元，一级分行为 3 亿~5 亿元，如果各分支行超越权限，那么其必须逐级上报审批，不然只能在总行授权内开展业务。

与其他银行相似，A 银行通过准备金核销呆账、资产剥离、抵债资产处置以及重组债务等化解存量不良资产。首先，A 银行强化了抵债资产经营。2014 年共处置 6.3 亿元抵债资产，实现 2.3 亿元收入，化解了部分存量风险。2017 年 A 银行回收 8269 万元抵债资产，全部为法院判决回收资产。根据房地产、车辆以及机器厂房等分类监测既有抵债资产，调查摸底自用资产，鼓励一些地区分支行自律自查抵债资产管理。根据分类指导的思想，加快处置进程，加快处置保全的非转让土地，实时租售城市房地产等不动产，尽快处置不良动产，举行了资产专场拍卖会。其次，由于效益改善，A 银行一些不良资产被核销，2015~2017 年其通过呆账准备金分别核销 2.13 亿元、7.66 亿元和 6.43 亿元不良资产，A 银行不良资产的核销能力稳健。另外，1999 年 A 银行将 199 亿元不良资产顺利剥离给长城资产管理公司。

2. 存在的问题

（1）规避逃废债务失策。由于 A 银行身处地方，要和地方政府搞好关系，难免和当地法院、税务以及工商等部门来往，处于服从地位。所以企业以改制为借口故意逃废银行债务。这里以黑龙江省某淀粉生产企业为例。该公司 1997 年成立，有注册资本 1785 万元，经营薯类淀粉及其制品的生产，产品销往日本、韩国等多个国家及地区，曾被黑龙江省政府评为全省最优外商企业之一。2012 年利税 1435 万元，收入 11732 万元。当 2013 年 3 月企业提出破产申请时，经营正常，停产但不破产。

2013 年 2 月，该公司提供的财务报表列示了其资产负债率仅为 51.16%，没有达到资不抵债的警戒线。2012 年 1 月为了逃债，利用该企业资金秘密注册 6 家企业。另外，企业全部抵押的厂房机器及其他资产免费转移到这 6 家企业，甚至连生产经营也转移过来。为逃废银行债务，这个背负 1.2 亿元债务的空壳公司随后向法院提交了破产申请。因此，在市场经济逐渐完善条件下，改制是一种确保企业优胜劣汰的市场机制，我国必须构建优胜劣汰的市场机制，完善市场经济。对于 A 银行而言，当地政府不应过多干预，总行应该拥有绝对领导权。

（2）处置手段落后。2018 年 A 银行抵债资产约为 35 亿元，呈下行趋势。因为市场以及授信等因素，银行在增量市场上的信贷规模很小，不能很好地稀释不良资产。而作为银行处置不良贷款关键手段的起诉，既耗费了精力，支付了诉讼费用，又使银企关系紧张，导致银行主动参与企业改制的积极性不高，导致部分企业借改制之名成功逃废银行债务。而抵债资产税费以及清收手续过多，由于财力以及维护能力等的约束，A银行费用支付增多，而且部分资产腐烂或破损，形成再损失或贬值加快，所以很难有效保管与维护抵债资产。清收、核呆以及重组等是A银行当前处置不良资产的主要手段。而处置不良资产光靠这些传统手段是远远不够的。重组、盘活以及清收仅对一些有再生希望或有还款能力的企业有用，但对那些没有一点再生希望的企业不良资产不起任何作用。而核销受银行资本金约束，不能当成处置巨额不良资产的核心手段。

（3）贷后监督弱化。贷款质量分类管理是A银行贷后管理的主要手段。分类管理的基础数据不合理，如客户信息很不全面，不能及时有效地揭示企业资信情况，导致分类人员不能有效分类。可见，A银行重视贷前风险规避，轻视贷后风险管理。

（4）缺乏约束激励机制。在制度方面，A银行不能有效激励员工，进而在审批、跟踪以及不良资产清收时责任感不强，甚至对客户"吃拿卡要"，引发操作风险（道德风险）。员工的薪酬由定额和考核两部分组成，不是产权人。另外，在资产处置过程中，约束激励机制不够完善，员工处理不良资产的积极性不高，奖罚方法欠佳，很难全面彻底约束和激励信贷人员。

（5）内部监督软弱。稽核部是银行的一个部门，不能很好地监督领导的信贷决策失误，只有在征得领导允诺情况下才能上报已审问题，否则就会出大事，从而使该部门监督薄弱，削弱了应有的稽核作用。许多分支机构的稽核部也直接服务于银行领导，弱化了审计部门的有效性以及独立性。

三、A银行不良资产管理策略选择

1. 资产证券化

A银行的不良资产管理应突破内部屏障，若能将这些资产在证券市场证券化，就能最大限度地改善效益，降低风险。由于证券市场不断改善，公司治理会不断得到优化。

2. 分账管理

2016年，A银行尝试过好银行/坏银行模式（把资产分离到资产管理公司），银行需要寻求新途径化解损失类和可疑类资产。因为可疑类、损失类贷款在A银行的不良资产的比重较大，相对优良的不良资产才能进行证券化。从国外实践来看，是好银行/坏银行模式相当成功的存量化解方法。为了加强处置能力，提高竞争实力，A 银行可参考国外经验及自身实践，积极尝试内部分账管理，化解不良资产。因为政府不会再剥离 A 银行的不良资产，而且其还没有成为股份制改革试点。

3. 博弈理论占优战略

因为很多企业故意逃废银行债务，信用生态环境较差，A 银行也不例外，进而产生巨额不良资产。为了控制企业恶意逃废债务，A 银行通过占优策略的博弈理论能够很好地解决这一问题。

4. 稀释贷款集中度

A 银行不良资产集中度太高。在 20 世纪 80 年代初，由于能源贷款在全部贷款中比例过高，导致美国第一滨州银行濒临破产，进而引发信贷违约风险，银行破产。可见，A 银行应该在不同企业、不同行业及其子行业适当分散信贷资产，避免这些资产高度集中于某一行业，同时要更加关注中间业务，控制增量不良资产。

5. 优化保障系统

根据马斯洛的需求层次论，人的需要从低到高由生理、安全、社交、尊重及自我价值实现组成。因此，A 银行必须构建以人为本的组织文化和约束激励机制，优化保障系统。

6. 改良外部环境

银行和地方政府需要理顺关系，加强沟通，统一认识，避免政府的不正当干预。

7. 建立科学的风险管理组织结构和管理流程

银行既要对已有不良贷款进行处置，又要堵住不良贷款源头，解决增量不良贷款，处置存量问题是标，严防新增不良贷款是本。有鉴于此，笔者对风险管理组织结构进行了调整并对信贷风险管理流程进行了再造。

在对 A 银行各个部门进行模拟调整和精简基础上，重新设计了 A 银行的风险管理组织结构，以期改变目前官僚化的管理体制，实现组织结构的合理化，如图 7-5 所示。因为 A 银行不是一级法人，因此，该组织结构的董事会及股东大会是根据总行结构设计的，在风险管理中显得尤为必要。A 银行的稽核部门、贷款审查委员会以及风险管理委员会可由总行各委员会对其实行垂直管理。通过以上风险管理组织结构的重新构建，笔者扭转了行长对信贷大权独揽的局面，对 A 银行信贷风险管理流程进行了再造，如图 7-6 所示，这种新型风险管理流程能够很好地控制新增不良贷款。

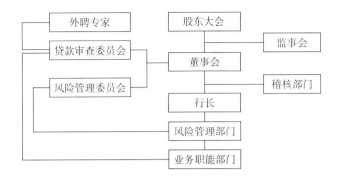

图 7 - 5　新型风险管理组织结构

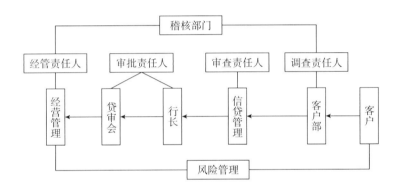

图 7 - 6　新型贷款管理流程

四、以债务人为评估对象的案例分析

1. 评估项目背景

A 公司是某地级市的一家国有企业，成立于 1962 年，现有职工 300 余人，主要经营中西药制剂、中药材批发和零售业务。近几年，A 公司因管理不完善、机制不灵活，导致 A 公司收益大幅下降，效益越来越差。其主要原因：一是该市市属医院和乡属医院进货渠道增加。A 公司由于机制不灵活，在本区的市场份额每况愈下；二是药业零售竞争空前激烈，妇幼、区属、镇办以及个体等大中小医院都开设沿街门诊，这无疑给本来销售困难的各门点带来较大冲击，致使 A 公司库存数量增加，销售形式不佳，周转速度减缓，资金占用增加，出现严重亏损。当地某银行根据 A 公司的实际状况，为确保信贷安全，从 1998 年开始就采取只收不贷的信贷政策，停止了对 A 公司的贷款发放。

按照相关政策，资产管理公司于 2001 年 11 月根据面值收购了某银行对 A 公司的不良债权，总额达 877.6 万元，其中本金为 634 万元，未付利息为 133.6 万元。五级分类为可疑类，收购类型为不良类，收购形态为呆滞类，收购方式为抵押贷款本金为 120 万元（以房屋及土地使用权作抵押），信用贷款本金为 514 万元。A 公司 2001 年的有关财务数据如表 7 - 17 所示。

表 7 - 17　A 公司财务资料　　　　　　　　　　单位：万元

科目	期初	期末	科目	期初	期末
货币资金	82.3	163.9	其他应付款	121.5	337.8
应收账款	994.0	989.6	应付工资	10	11
应收账款净额	994.0	989.6	应付福利费	-34.3	-42.9
其他应收款	135.6	158.8	未交税金	26.9	25.6
存货	232.3	270.5	其他未交款	11.8	12.0
其中：库存商品			预提费用	87.5	85.3
待摊费用	85.5	93.2	流动负债合计	1560.7	1735.8
待处理流动资产损失	27.1	27	长期借款	25	25
流动资产合计	1556.8	1703	其他长期负债	89.3	89.3
长期投资	22.3	22.3	其中：住房周转金	89.3	89.3
固定资产净值	376.2	382.6	长期负债合计	114.3	114.3
在建工程	20.1	20.1	实收资本	317.6	315.4
递延资产	22.5	22.5	盈余公积	26.5	26.5
资产合计	1997.9	2150.5	未分配利润	-21.2	-41.5
短期借款	754	739	所有者权益合计	302.8	279
应付账款	583.3	568			

2. 评估步骤

这是评估企业偿债能力需要经过以下五个步骤。

（1）将 2001 年 12 月 31 日确认为 A 公司资产负债的清算基准时点。

（2）资产分析，包括剔除项目和价格调整两部分：

1）从总资产中剔除：

待处理流动资产损失　　　　　27

待摊费用　　　　　　　　　　93.2

递延资产　　　　　　　　　　22.5

应收账款 30% 收不回部分   296.9（989.6×30%）
其他应收款 40% 收不回部分   63.5（158.8×40%）
小计   503.1 万元

2）对 A 公司的土地使用权以及建筑物等固定资产与存货按市价法调整。

存货 270.5 万元，一部分已过有效期，相应减少 100 万元。

固定资产的净值为 382.6 万元，大部分为建筑物，评估机构对其评估的价值为 410 万元，增加了 27.4 万元。

土地面积 2400 平方米，其为国有划拨的土地，A 公司在账面中没有列示，评估机构对该土地的评估价值为 450 万元（扣除转让时补交的出让金）。其中 1200 平方米土地已抵押给了资产管理公司，贷款总额为 165.3 万元（本金为 130 万元，应付利息为 35.3 万元）。资产增加了 450 万元；以上增加的资产价值小计 377.4 万元（=27.4+450－100）。

（3）负债分析，包括债务的查验调整及优先债务偿还顺序的确定等内容：

1）A 公司债务通过查验应增加应付社保基金 68 万元。

2）确认应该优先偿还的债务。

在短期借款 739 万元中，资产管理公司抵押贷款本息为 155.3 万元（其抵押物价值 165 万元）。某商业银行用房产作为抵押物的贷款为 100 万元（其抵押物价值 110 万元）。两者应该优先受偿。

未交税金为 25.6 万元，应付工资为 11 万元，职工住房周转金为 89.3 万元，应该优先受偿。

A 公司拖欠的社保基金为 68 万元，应该优先支付。

上述应该优先受偿的债务共计 449.2 万元。

（4）优先扣除部分，这部分扣除主要包括以下内容：

在 A 公司资产中，对用于职工食堂和职工住房等生活福利的资产 1300 万元应该进行相应的扣除。同时还需优先扣除所有的清算和中介费用。

（5）用图表描述其计算步骤。详细计算过程如表 7－18 所示。

表 7－18 不良债权偿债能力分析过程   单位：万元

序	指标	期初	期末
1	资产总额（账面）	2150.5	2527.9
1.1	其中：应收账款	989.6	692.7
1.2	其他应收款	158.8	95.3

续表

序	指标	期初	期末
2	有效资产（1-3）	2385	2385
3	无效资产	142.7	142.7
3.1	福利性资产	—	—
3.2	待处理流动资产	27	27
3.3	待处理固定资产	—	—
3.4	待摊、递延资产	22.5	22.5
3.5	涉讼资产	—	—
3.6	其他（待摊费用等）	93.2	93.2
4	负债总额（账面）	1850.1	1850.1
5	有效负债（4-6）	1850.1	1850.1
6	无效负债	—	—
7	优先偿还普通债务	153	153
7.1	其中：应付工资	11	11
7.2	应付福利费	-42.9	-42.9
7.3	养老金及租房公积金	89.3	89.3
7.4	应交税金	25.6	25.6
7.5	其他	70	70
8	优先偿还抵押债务	255.3	255.3
9	优先扣除项	—	—
9.1	其中：清算及中介费用（2×2%）	47.7	47.7
9.2	职工安置费	1300	1300
9.3	其他	—	—
10	特种债权普通受偿额（11×15）	—	310.56
11	特种债权普通部分（14-12）	—	712.3
12	特种债权优先受偿额	—	165.3
13	特种债权：对应抵押资产评估值	—	—
14	被评估的特种债权价值	—	877.6
15	普通偿债能力系数（16/17）	—	0.436
16	可偿性资产（2-7-8-9）	629	629
17	普通负债额（5-7-8）	1441.8	1441.8
18	特种债权偿债能力系数（19/14）	—	0.54

续表

序	指标	期初	期末
19	特种债权受偿额（12＋10＋21＋22）	—	475.86
20	新增特种债权［21×23×（10＋12＋22）/17］	—	—
21	新增收益用于偿债比例	—	—
22	未受偿债权人即保证人所获受偿额	—	—
23	预测期企业新增收益	—	—

3. 评估结论

从该表的计算过程，可以看出，不良资产综合受偿额度仅为 475.86 万元，回收系数仅为 0.54。

在实际中，以上模型及其分析存在的问题：

（1）资料收集难。这些模型对不良资产评估的有效性的前提是获取相关资料。但银行不易得到不良资产的详细资料，因为一些银行常常多头贷款，另外调查成本相当高。投资者即便得到这些资料，因为历史缘故，残缺不全。可见，由信息不对称引发的不利因素也会导致模型偏误。

（2）数据有偏误。数据资料即便得到，也无法保证其真实性。一方面，政府没有对企业财务真实性实施有效监管；另一方面，为了得到贷款，部分企业会伪造财务报表及其相关资料。

第五节　本章小结

本部分首先进行了案例背景分析，其次对贷前客户进行风险识别量化。通过对某国有商业银行信贷客户的贷前风险分析可知 Logit 和 Elman 神经网络模型的预测准确率分别达到 92% 和 94.44%，由 Logit 模型实证发现，模型预测效果优良，总资产净利率、流动比率、市场占有率以及资本保值增值率是影响企业违约与否的四个关键因素。所以，应关注与企业长期发展相关的总资产净利率、流动比率、市场占有率以及资本保值增值率，促使企业提高市场份额、改善盈利性和流动性，加强经营管理，确保资产增值，改善信贷资产质量。

在 Logit 模型定量分析之后，银行可以向信用评级优良的客户发放贷款，但是这些信用等级优良的客户也有不同的信用等级，因此，首先这里借助了神经网络模型的专家决策分析思想和非线性特点，运用 Elman 神经网络模型对这些达标客户进行了信用评级；其次，通过对客户贷后风险的动态监控论证，得出采用 AHP 法进行信贷预警分析的必要性和可行性；最后，笔者对不良资产管理进行了实证研究，这是信贷过程风险管理的最后阶段，笔者以某国有商业银行和某企业为例对不良资产管理进行了较为详尽的剖析。

结　论

　　改革开放以来，中国商业银行为经济的持续、快速和健康发展做出了很大贡献。银行各项业务特别是存款业务发展较快，但在发展的背后，银行还面临许多严重问题，经营管理能力较低，竞争意识不强，贷前、贷后的信贷风险继续扩大；金融危机的影响还在不断扩大；再加上新巴塞尔协议Ⅱ对银行风险管理提出了更严格的条件，商业银行还不能满足这些条件。本书以信贷过程风险管理思想为指导，结合新巴塞尔协议，在银行信贷风险管理领域做一些有益的探索与研究，主要创新性研究成果如下：

　　（1）本书提出了商业银行信贷过程风险管理思想和信贷过程风险管理框架。在剖析我国银行信贷风险现状的基础上，根据企业风险暴露的快速变化与信贷回收周期的特点，提出了商业银行信贷过程风险管理思想。其包括授信前子系统、授信后子系统、不良贷款子系统，即贷款前的信贷风险识别、量化和管理，贷款过程中的风险监控和管理，贷款之后的不良资产风险管理，同时涵盖了构建体系所需的风险计量模型、动态监测模型及不良资产管理等。这突破了以往只注重某一过程的信贷风险管理。

　　（2）构建了信贷过程贷前风险量化模型和审查审批制度。首先，建立起符合我国国情的 Logit 模型和神经网络模型。本书通过构建的 Logit 模型及神经网络模型的定量分析，实证剖析了当前我国贷前信贷风险的大小，且预测准确率分别达到 92％和 94.44％。由 Logit 模型量化得出：资产收益率、流动比率、市场占有率以及资本保值增值率等是影响企业信用及信贷风险的核心指标；通过 Logit 模型筛选出符合贷款标准的达标客户后，创造性地将神经网络应用于贷前信用评级，对达标客户进行信用分级排序，从而进一步确定贷款价格等贷款条件。由于两类模型特别是神经网络模型，准确率很高，能够清晰判断信贷风险的大小。可见，商业银行通过 Logit 与 Elman 神经网络模型对贷前风险进行识别和量化（贷前风险筛查）是相当必要的，这不但缓解了信贷风险，而且为信贷过程风险管理第二个阶段（贷后风险监控）扫清了障碍，奠定了基础。其为信贷风险管理的实际运作指明了方向。其次，建立了贷前审查审批制度，以期对贷前以信用风险和操作风险为表现特征的信贷风险进行全方位控制。

（3）构建了信贷风险动态预警机制。因为贷后风险管理是信贷过程风险管理的主要组成部分，在此思想指导下，首先笔者构建了五级分类预警指标体系，从量化角度考虑信贷风险，而目前五级分类主要从定性角度考虑。在此基础上，构建了信贷风险预警机制模型，本书基于微观银行相关理论，应用了 AHP 多目标决策法和群决策法等，突破了以前仅限于定量分析的方法，有机整合了定性以及定量分析，构建了相当健全的指标体系，通过萨迪标准分析，借助专家评分，构建了判断矩阵，进而对其进行规范化处理，并厘定准则层以及指标层的权重，从而构建了综合指数模型，从目前我国商业银行五级分类实施的现状出发，将信贷风险预警系统的结果与五级分类结合起来，进而为五级分类的定量化提供一定的依据，以克服五级分类定性化的不足之处。另外，这套指标体系在给出五个级态的分类（五级分类）的基础上，还得到一个综合风险指数，该指数可以明确地显示该借款人在该级态的具体位置，因此，比更多级态的分类还详尽。这可以得到借款人各个方面的强项与弱项，使银行可以有的放矢地防控信贷风险，从而使动态监测模型的实用性大大增强。其次，笔者站在制度层面对贷后检查、风险分类以及风险预报进行了设计。这使动态预警机制更具灵活性和适用性。

（4）建立了不良信贷资产定价模型及处置体系。首先，这是信贷过程第三个阶段即不良贷款形成阶段的信贷资产风险管理，不良资产严重威胁商业银行的经营安全，针对不良资产的严重危害性，从偿债能力角度运用假设清算法对不良资产进行了价值评估，指出了假设清算法的适用范围、方法步骤、各类资产负债的评估原则及方法并剖析了使用该方法应注意的问题，对不良资产评估方法进行了深入研究。其次，构建了商业银行不良资产保全体系，具体包括管理精细化、构建专业化的催收体系、创新资产处置方法、构建完善的绩效评价体系、加强成本控制和借鉴国外不良资产处置方法六个方面。这使不良资产处置更加科学，更加合理。最后，针对不良资产增量风险，提出了相应的控制策略。通过研究，期望在完善不良资产管理方面，能给我国商业银行提供决策借鉴。

（5）构建了信贷过程风险管理策略体系。综合以上研究，提出了我国商业银行信贷过程风险管理的应对策略，包括优化企业 G2B 信息，加强信贷内控建设，规避集团客户信贷风险以及强化不良资产风险管理等制度性措施以及资本准备、定价与证券化，信贷风险分散、对冲与转嫁等技术性措施。通过对信贷过程风险管理的实证研究，得出信贷过程风险管理对中国商业银行加强贷前、贷后及不良贷款的风险管理和风险处置是相当必要的，而且是完全可行的。

本书对基于商业银行的信贷过程风险管理理论方法和应对策略的研究，在一定程度上弥补了现有理论的不足，充实了商业银行信贷风险管理的研究内容和实践方法，但是仍然还有许多不完善之处，期望在度量技术综合化以及贷款定价系统化等若干方面继续深入研究。

参考文献

［1］ Gordy M. Credit Risk Modeling ［C］. The Cutting-edge Collection, 2003: 10 - 12.

［2］ Lopez Jose A. Recent Po Issues Regarding Credit Risk Transfer ［J］. FRBSF Economic Letter, 2007 (34): 1 - 3.

［3］ Thomas Tony. Dentifying Rotten Risks Is Where the Big Leaguers Still Stumble ［J］. BRW, 2007, 19 (16): 98.

［4］ Hu Jia, Zhong NIN, ETC. Development Mining-grid Centric E-finance Portals for Risk Management and Decision Making ［J］. International Journal of Pattern Recognition & Artificial Intelligence, 2007, 21 (4): 639 - 643.

［5］ Anbar Adem, KARABIYIK LALE. Credit Derivatives Market in Turkey: Results of A Survey Study ［J］. Journal of Academic Studies, 2007, 9 (32): 57 - 59.

［6］ Anbar Adem. Credit Derivatives and Their Applicability to the Turkish Banking Sector ［J］. Journal of Academic Studies, 2006, 7 (28): 25 - 28.

［7］ Stiroh Kevin J. Hedge Funds, Financial Intermediation and Systematic Risk ［J］. Economic Policy Review, 2007, 13 (3): 1 - 4.

［8］ Anbar Adem, Karabiyik LALE. Özel Finans Kurumlarında Kredi Riski Yönetimini Değerlendirmeye Yönelik Bir Araştırma. (Turkish)/A Study for Evaluating Credit Risk Management In Special Financial Institutions ［J］. (English) Journal of Academic Studies, 2006, 8 (30): 117 - 119.

［9］ Romenro Simon. Bank Tries to Allay Fears of Instability in Venezuela ［N］. New York Times, 2008 - 02 - 08 (7).

［10］ Altman E L, Saunder S A. Market Reaction to Risky Banks: Did Generous Deposit Guarantee Change It? ［J］. World Development, 2008, 36 (8): 1415 - 1418.

［11］ Altman E I, Haldermanr. Islamic Banking Size Matters ［C］. AFP Exchange. A-sia Pacific Forum, 2008: 18 – 21.

［12］ Fitzpatrick, Dan. The Return of "Good Bank-Bad Bank" ［J］. Wall Street Journal-Eastern Edition, 2008, 252 (33): C1 – C3.

［13］ John H. Regulators Take Over Failing Bank In Florida ［N］. New York Times, 2008 – 02 – 08 (2).

［14］ Bennhold Katrin, Clark Nicola. Report Says Trader's Bosses at French Bank Were Negligent ［N］. New York Times, 2008 – 02 – 08 (5).

［15］ Gross Daniel. It's a Wonderful Life (in Jersey) ［J］. News Week, 2008, 152 (6): 16.

［16］ Beaver William H. Financial Ratios as Predictors of Failure ［J］. Journal of Accounting Research, 1966 (4): 72 – 75.

［17］ Altman E I, Halderman R G, ETC. Zeta Analysis, A Nes Model to Identify Bankruptcy Risk of Corporations ［J］. Journal of Banking and Finance, 1977 (1): 29 – 34.

［18］ Altman E I. Financial Ratios Discriminate Analysis and the Prediction of Corporate Bankruptcy ［J］. The Journal of Finance, 1968 (7): 35 – 36.

［19］ Jerry Y X. Importance Sampling for Credit Portfolio Simulation ［J］. Risk Metrics Journal, 2007 (5): 23 – 24.

［20］ Ohlson James A. Financial Ratios and the Probabilistic Prediction of Bankruptcy ［J］. Journal of Accounting Research, 1980, 18 (1): 51 – 56.

［21］ Lundy M. Cluster Analysis in Credit Scoring and Credit Control ［M］. New York: Oxford University Press, 1993: 45 – 48.

［22］ Altman E I. Measuring Corporate Bond Mortality and Performance ［J］. Journal of Finance, 1989, 7 (11): 63 – 67.

［23］ Eisenbeis R A. Pitfalls in the Application of Discriminate Analysis in Business, Finance and Economics ［J］. Journal of Finance, 1977 (7): 98 – 100.

［24］ Altman E I. Corporate Distress Diagnosis: Comparisons Using Linear Discriminate Analysis and Neural Networks the Italian Experience ［J］. Journal of Banking and Finance, 1994 (9): 71 – 74.

［25］ Lovie A D, Lovie P. The Flat Maximum Effect and Liner Searing Models for Prediction ［J］. Journal of Forecasting, 1986 (2): 35 – 37.

［26］ Ohlson James A. Financial Ratios and the Probabilistic Prediction of Bankruptcy ［J］. Journal of Accounting Research, 1980, 18 (1): 51 – 56.

［27］ Bunn D W. Forecasting More Than One Model ［J］. Journal of Forecasting, 2007, 8 (3): 33 – 34.

［28］ Granger C W J. Combining Forecasts-Twenty Years Later ［J］. Journal of Forecasting, 2006 (3): 65 – 67.

［29］ Clemen R T. Combining Forecasts: A Review and Annotated Bibliography ［J］. International Journal of Forecasting, 2007, 5 (4): 87 – 89.

［30］ Granger C, Ramanathan R. Improved Methods of Forecasting ［J］. Journal of Forecasting, 2008 (3): 57 – 59.

［31］ Kamstra M, Kennedy P. Combining Qualitative Forecasts Using Logit ［J］. International Journal of Forecasting, 2008 (14): 45 – 48.

［32］ Maria Bonilla, Ignacio Olmeda, ETC. An Application of Hybrid Models in Credit Scoring ［J］. Journal of Banking and Finance, 2007 (22): 42 – 47.

［33］ Piramuthu Selwyn. Feature Selection for Financial Credit-Risk Evaluation Decisions ［J］. INFORMS Journal on Computing, 2008, (3): 258.

［34］ Yu Lean, Wang Shouyang, ETC. Credit Risk Assessment with a Multistage Neural Network Ensemble Learning Approach ［J］. Expert Systems with Applications, 2008, 34 (2): 1434 – 1436.

［35］ Adeodato P J, Vasconcelos G C. Neural Networks vs Logistic Regression: A Comparative Study on a Large Data Set ［C］. ICPR, 2006: 19 – 21.

［36］ DE Amorim B P, Vasconcelos G C, ETC. Hybrid Neural Systems for Large scale Credit Risk Assessment Applications ［J］. Journal of Intelligent & Fuzzy Systems, 2007, 18 (5): 455 – 456.

［37］ Tam K Y, Kiang M. Managerial Applications of Neural Net Works: The Case of Bank Failure Predictions ［M］. Management Sciences, 1992: 87 – 89.

［38］ Gentry, James A Paul. Funds Flow Components, Financial Ratios, and Bankruptcy ［J］. Journal of Business Finance and Accounting, 1987 (6): 56 – 58.

［39］ Charles W, Clalomiris, ETC. Bank Capital and Portfolio Management: The 1930's Capital Crunch and Scramble to Shed Risk ［C］. NBER Working Paper, 1998 (10): 66 – 69.

［40］ Frydman H, Altman E I, ETC. Introducing Recursive Partitioning for Financial

Classification: The Case of Financial Distress [J]. Journal of Finance, 1985 (7): 74 - 99.

[41] LI Jiangping, Chen Zhenyu, ETC. Feature Selection via Least Squares Support Feature [J]. International Journal of Information Technology & Decision Making, 2007, 6 (4): 671 - 678.

[42] Alexander J, Menei. Diversification for General Copula Dependence [J]. Statistica Neerlandica, 2007, 61 (4): 446 - 448.

[43] Saunders David, Xiouros Costas. Credit Risk Optimization Using Factor Models [J]. Annals of Operations Research, 2007, 152 (1): 49 - 53.

[44] Doumpos Michael, Zopounidis Constantin. Model Combination for Credit Risk Assessment: A Stacked Generalization Approach [J]. Annals of Operations Research, 2007, 151 (1): 289 - 292.

[45] Kalapodast Evangelos, Thomson, ETC. Credit Risk Assessment: A Challenge for Financial Institutions [J]. IMA Journal of Management Mathematics, 2006, 17 (1): 25 - 26.

[46] James, David. Schmoozing the Software [J]. BRW, 2007, 21 (19): 72.

[47] Asarnow Elliot, David Edwards. Measuring Loss and Defaulted Bank Loans: A 24-year Study [J]. Journal of Commercial Lending, 1995 (7): 52 - 56.

[48] Carey Mark. Credit Risk in Private Debt Portfolios [J]. Journal of Finance, 1998 (3): 45 - 46.

[49] Gupton G D, Gates, ETC. Bank Loan Loss Given Default [C]. Moody's Social Comment. Working Paper, 2005: 55 - 57.

[50] Thornbum K. Bankruptcy auction, Debt Recovery and Firm Survival [J]. Journal of Financial Economies, 2005 (10): 61 - 63.

[51] Eales R, Bosworth, ETC. Severity of Loss in the Event of Default in Small Burdened Sniff Large Consumer Loans [J]. Journal of Lending&Credit Risk Management, 1998 (10): 12 - 13.

[52] Carty L D, Liebeman. Defaulted Bank Loan Recoveries [C]. Mood's Special Comment, 1996: 45 - 48.

[53] Grossman R, Bonelli. Bank Loan and Bond Recovery Study: 1997 - 2000 [C]. Chicago Fed Working Paper, 2007: 67 - 68.

[54] Carey Mark. Credit Risk in Private Debt Portfolios [J]. Journal of Finance, 1998

(5)：45 - 46.

[55] Frye J. Depressing Recoveries [C]. Chicago Fed Working Paper, an Abridged Version Appeared in Risk, 2005：80 - 84.

[56] Robert C Merton. on the Pricing of Corporate Debt：The Risk Structure of Interest Rate [J]. Journal of Finance, 1974 (6)：54 - 56.

[57] Crouhy M, Calai D, ETC. A Comparative Analysis of Current Credit Risk Models [J]. Journal of Banking and Finance, 2005 (11)：78 - 79.

[58] Gjerde O, Semmen K. Risk-based Capital Requirements and Bank Portfolio Risk [J]. Journal of Banking and Finance, 2008 (7)：59 - 61.

[59] LI D, NG Wan-Lung. Optimal Dynamic Portfolio Selection：Multi-period Mean-Variance Formulation [J]. Mathematic Finance, 2007 (3)：387 - 390.

[60] Tokat Y, Rachev S T, ETC. The Stable Non-Gaussian Asset Allocation：A Comparison with the Classical Gaussian Approach [J]. Journal of Economic Dynamics and Control, 2008 (6)：937 - 939.

[61] Puelz A V. Asset and Liability Management：A Stochastic Model for Portfolio Selection [A]. Proceedings of the 1997 IEEE/IAFE Conference on Computational Intelligence for Financial Engineering [C]. NY, USA, 2007：36 - 37.

[62] Rsmussen K M, Clausen J. Mortgage Loan Portfolio Optimization Using Multi-stage Stochastic Programming [J]. Journal of Economic Dynamics and Control, 2006, 5 (1)：23 - 25.

[63] Nikolas Topaloglou, Hereules Vladimirou, ETC. A Dynamic Stochastic Programming Model for International Portfolio Management [J]. European Journal of Operational Research, 2006, 1 (6)：21 - 24.

[64] Norbert J Jobst, Gautam Mitra Stavros A. ETC. Integrating Market and Credit Risk：A Simulation and Optimisation Perspective [J]. Journal of Banking & Finance, 2008, 30 (2)：717 - 721.

[65] Norbert Jobst, Stavros A, ETC. On the Simulation of Portfolios of Interest Rate and Credit Risk Sensitive Securities [J]. European Journal of Operational Research, 2007, 161 (2)：298 - 300.

[66] Gautam Mitr, Stavros Zenios. Financial Decision Models in a Dynamical Setting [J]. Journal of Economic Dynamics and Control, 2007 (5)：859 - 860.

[67] Walk H, Maclean L C. Iterative Nonparametric Estimation of A Log-Optimal

Portfolio Selection Function〔J〕. IEEE Transactions on Information Theory, 2008（1）：324－325.

〔68〕 Mac Lean L C，Sanegre R，ETC. Capital Growth with Security〔J〕. Journal of Economic Dynamics and Control，2007（5）：937－939.

〔69〕 Xiaodong JI，Shushang ZHU，ETC. A Stochastic Linear Goal Programming Approach to Multistage Portfolio Management Based on Scenario Generation via Linear Programming〔J〕. IIE Transactions，2006，37（10）：957－960.

〔70〕 Fleten Stein-Erik，Kjetil. The Performance of Stochastic Dynamic and Fixed Mix Portfolio Models〔J〕. European Journal of Operational Research，2008，140（1）：37－40.

〔71〕 Puelz，Amy V. A Stoehastic Convergence Model for Portfolio Selection〔J〕. Operations Research，2007，50（3）：462－466.

〔72〕 Consiglig，Dem Pster Mah. Dynamics Tochastic Programming for Asset Liability Management〔J〕. Annals of Operation Research，1997，70（4）：110－113.

〔73〕 Gordy M. A Comparative Anatomy of Credit Risk Models〔J〕. Journal of Banking and Finance，2008（7）：54－58.

〔74〕 Nickell P，Perraudin W，ETC. Ratings Versus Equity Based Credit Risk Models：an Empirical Investigation〔C〕. Bank of England Working Paper，1998：56－61.

〔75〕 Beatty，Nigel. Credit Risk Management with EMV Cards〔J〕. Card Technology Today，2006，18（5）：9.

〔76〕 FRBSF. Policy Applications of a Global Macroeconomic Model〔C〕. FRBSF Economic Letter，2006（14）：1－3.

〔77〕 Kulk G P，Verhoef C. Quantifying Requirements Volatility Effects〔J〕. Science of Computer Programming，2008，72（3）：136－139.

〔78〕 Simenson P G. Banks that Fail〔J〕. United States Banker，1987（9）：78－80.

〔79〕 David Bemtein. Asset Quality and Seale Economics in Banking〔J〕. Journal of Economics and Business，1996（14）：5－7.

〔80〕 江帆. 商业银行房贷风险与防范〔J〕. 湖南涉外经济学院学报，2007（1）：15－17.

〔81〕 唐玲. 信息不对称与个人住房信贷风险管理研究〔J〕. 金融经济，2008（6）：76.

[82] 赵惠敏．建立高效合理的中小企业信贷风险管理模式［J］．经济研究参考，2008（18）：3.

[83] 郑耀敏，刘芬等．农发行的信贷风险管理［J］．财经界（下旬刊），2008（1）：66－68.

[84] 封振．信用风险度量研究给我国商业银行的启示［J］．商业文化（学术版），2007（8）：212.

[85] 孙凌云，吴宝宏．商业银行信贷风险管理研究［J］．边疆经济与文化，2006（6）：68－69.

[86] 封晴．我国个人住房抵押贷款的风险分析［J］．商场现代化，2008（15）：385.

[87] 倪向荣．商业银行信贷风险防范分析［J］．时代金融，2008（4）：61－63.

[88] 何国勇．对加强商业银行信贷风险管理的思考［J］．南方论丛，2008（1）：53－56.

[89] 王群．加强商业银行贷款风险管理的思考［J］．新疆金融，2008（3）：32－33.

[90] 郭建鸾．我国商业银行公司信贷风险管理的行业思维［J］．中央财经大学学报，2008（2）：54－55.

[91] 魏勇．中外商业银行信贷风险管理比较研究［J］．金融经济，2007（14）：30－32.

[92] 曹宇．我国银行业信贷风险防范研究［J］．商业文化（学术版），2008（1）：19－20.

[93] 徐宁，廖列法．基于三方博弈分析的银行信贷制度研究［J］．商场现代化，2008（11）：5－6.

[94] 中国工商银行上海市分行课题组．关于国有商业银行信贷资产风险管理的战略思考［J］．金融论坛，2004（7）：21－24.

[95] 杭州金融研修学院课题组．现代商业银行信贷资产风险管理研究［J］．金融论坛，2005（12）：46－49.

[96] 赵宗俊，刘玉灿，薛丽思．基于不对称信息理论的商业银行信贷风险管理［J］．现代管理科学，2005（3）：101－102.

[97] 张玲玲，胡志涛，马杰华．论我国商业银行的信贷风险［J］．财经界（下旬刊），2008（2）：70－71.

[98] 庞素琳，黎荣舟，柏元淮．信贷风险决策问题的一种相互逼近算法［J］．

数学的实践与认识，2004（1）：55 – 56.

[99] 杨蕴石，王颖，吕科等. 贷款组合信用风险模拟的简化方法 [J]. 计算机仿真，2008，25（5）：268 – 270.

[100] 王颖哲，张强. 个人住房消费信贷风险管理理论及其对我国的启示 [J]. 商场现代化，2008（17）：204 – 205.

[101] 范南. Creditmetric 模型及其对我国银行信用风险管理的借鉴 [J]. 金融论坛，2007（4）：52 – 53.

[102] 刘芳. 银行经营绩效评价中的主成分分析法 [J]. 生产力研究，2006（5）：86 – 91.

[103] 王乃静，油永华. 基于 Fisher 判别分析的企业信用评价模型 [J]. 技术经济与管理研究，2006（4）：41 – 42.

[104] 翟东升，曹运发. 基于 Fisher 判别分析的企业信用评价模型 [J]. 林业经济，2006（3）：5.

[105] 孙威. 浅议我国银行操作风险管理现状 [J]. 西安金融，2007（5）：62 – 65.

[106] 熊霞. 信贷风险管理模型研究 [J]. 当代经济（下半月），2007（6）：120 – 121.

[107] 高山. 商业银行信用风险量化管理体系研究 [J]. 上海市经济管理干部学院学报，2008（3）：212.

[108] 周春喜. 商业银行经营绩效评价研究 [J]. 数量经济技术经济研究，2003（12）：98 – 101.

[109] 郝丽萍，胡欣悦，李丽. 商业银行信贷风险分析的人工神经网络模型研究 [J]. 系统工程理论与实践，2001（5）：62 – 66.

[110] 顾乾屏，王晓春等. 行业与区域的企业财务危机预警模型比较研究 [J]. 问题探讨，2007（5）：42 – 45.

[111] 朱晓明，刘治国. 信用评分模型综述 [J]. 财经论坛，2007（1）：103 – 105.

[112] 周焯华，余潜. 信用风险的非线性二重组合判别模型 [J]. 统计与决策，2008（7）：18.

[113] 葛超豪，葛学健. 银行信贷风险评估计量模型探讨 [J]. 统计与决策，2005（12）：24 – 26.

[114] 傅强，李永涛. Logistic 模型在上市公司信用风险评价中的应用 [J]. 重庆

建筑大学学报，2005（5）：114 – 116.

［115］邹新月 . 商业银行信贷风险统计与纳什均衡策略［M］. 北京：中国经济
出版社，2005：34 – 36.

［116］龙海明，邓太杏 . 基于违约概率的消费信贷风险分析与度量［J］. 金融理
论与实务，2006（1）：18 – 20.

［117］郭战琴，周宗放 . 信贷风险管理的区间数参数模型及其应用［J］. 电子科
技大学学报，2006（2）：137 – 139.

［118］程迎杰，秦成林 . 商业银行资产负债管理的随机规划模型［J］. 上海大学
学报（自然科学版），2007（6）：485 – 490.

［119］杨智元 . 动态的无风险资产组合［J］. 管理工程学报，2007（3）：105 –
107.

［120］潘雪阳 . 多期行为资产组合模型［J］. 中山大学学报（自然科学版），
2006（1）：21 – 24.

［121］李仲飞，姚京 . 安全第一准则下的动态资产组合选择［J］. 系统工程理论
与实践，2007（1）：41 – 45.

［122］梁琪 . 商业银行资产组合信用损失的度量研究［J］. 南开经济研究，2005
（5）：97 – 101.

［123］黄丰俊，刘江涛 . 商业银行授信资产组合管理研究［J］. 国际金融研究，
2007（6）：23 – 27.

［124］徐振东 . 基于新巴塞尔资本协议的研究——不同方法下银行信用风险资本
要求的分析［J］. 国际金融研究，2002（12）：17 – 20.

［125］袁桂秋 . RAROC 原理下的信用风险度量［J］. 商业经济与管理，2003
（2）：47 – 49.

［126］刘西，李健斌 . 基于巴塞尔新资本协议的资产证券化风险计量［J］. 国际
金融研究，2008（5）：59 – 63.

［127］王云端 . 银行信贷风险识别的五级分类法应用研究［D］. 东北大学，
2006：1 – 2.

［128］蒋咏梅，徐力明等 . 农业银行贷款风险分类管理浅析［J］. 湖北农村金融
研究，2007（12）：61.

［129］孙华 . 商业银行客户信贷风险预警体系研究［D］. 武汉理工大学，2008：
1 – 3.

［130］卞薇 . 我国商业银行信贷风险管理研究［J］. 百科论坛，2009（3）：236.

［131］王毅．中国银行陕西省分行信贷风险全过程管理研究［D］．西安理工大学，2008：7－12.

［132］宋荣威．信贷风险管理研究［D］．西南财经大学，2007：21－25.

［133］郑纯毅．中国银行业与国际银行贷款分类比较分析［J］．金融与保险，2006（1）：32－36.

［134］邓勇．城市商业银行不良贷款控制初探［D］．西南财经大学，2007：35.

［135］程捷．在京外资银行不良贷款率仅0.36%［N］．北京青年报，2006－09－22（4）.

［136］吴德胜，梁樑．基于V-foldCross-validation和Elman神经网络的信用评价研究［J］．系统工程理论与实践，2004（4）：92－98.

［137］李淑英．山东农行不良贷款管理策略研究［D］．上海海事大学，2005：18－24.

［138］秦江波，王宏起．商业银行信贷风险识别的神经网络模型［J］．商业研究，2009（11）：93－94.（CSSCI）

［139］秦江波，王宏起．基于AHP法的企业管理绩效评价模型研究［J］．学术交流，2009（3）：93－96.（CSSCI）

［140］秦江波，于冬梅．信贷风险预警指标体系的构建［J］．商业研究，2009（3）：150－152.（CSSCI）

［141］秦江波，于冬梅．关于东北老工业基地金融振兴的思考［J］．商业研究，2008（10）：105－107.（CSSCI）

［142］秦江波，王宏起．基于AHP法的银行信贷风险管理绩效评价模型的构建［J］．金融理论与实践，2009（1）：12－15.

［143］秦江波，于冬梅．商业银行利率风险的理论与实证［J］．科技与管理，2008（2）：58－60.

［144］秦江波，于冬梅．美国次债危机对我国的影响的理论与实证分析［J］．科技与管理，2008（3）：31－34.

［145］张德江，秦江波，陈艳．金融市场学［M］．北京：中国矿业大学出版社，"十二五"规划教材，2012.

［146］秦江波，孙永波，张德江．中国能源可持续发展模式研究［J］．学术交流，2015（2）：35－37.

［147］代绍华，何广文，邵一册．商业银行内部控制对操作风险管理的影响分析［J］．农村金融研究，2013（3）：41－44.

［148］朱贺，张秀民．银行业系统性风险监测预警体系与防控机制研究［J］．金融监管研究，2018（4）：23－25.

［149］马文杰，徐晓萍．信贷抑制类型识别及政策影响：千村调查证据［J］．金融研究，2018（9）：19－36.

［150］黄绍进，李珍梅，李善民．博弈论视角下农户信贷违约问题研究［J］．金融理论与实践，2018（4）：31－35.

［151］彭岚．资产组合收益和风险的量化分析［J］．统计与决策，1999（10）：22－23.

［152］陈忠阳．巴塞尔协议Ⅲ：改革、风险管理挑战和中国应对策略［J］．国际金融研究，2018，376（8）：66－77.

［153］赵礼强，刘霜，易平涛．我国P2P网络借贷平台的信用评级研究——来自"网贷之家"的证据［J］．金融理论与实践，2018（8）：12－13.

［154］王君妍，宋坤，唐海春．政府主导型农地经营权抵押贷款风险预警研究——基于四川省成都市的调研数据［J］．武汉金融，2018（9）：71－77.

［155］陈言．农户正规信贷配给变化影响因素及传导机制——来自中国银行业的证据［J］．金融论坛，2018（3）：24－35.

［156］巴曙松，杨春波，陈金鑫．中国不良资产管理行业的发展新趋势［J］．当代金融研究，2018（3）：15－18.

［157］www. china. com. cn/zhibo/content_ 74948492. htm.

［158］finance. sina. com. cn/roll/2019－05－11/doc-ihvhiqax7935230. shtml.

［159］http：//www. lianmenhu. com/blockchain－7825－5.

附　录

中国商业银行收入与成本分析

一、成本结构分析

2017 年，15 家商业银行的营业支出达到 3659 亿元，同比提高 36.23%，而 11 家股份制商业银行的营业支出达到 868 亿元，同比提高 40.15%；其中 4 家大型商业银行的营业支出达到 2790 亿元，同比提高 35.05%。

15 家商业银行成本收入比同期达到 36.01%，同比降低 1.68%。11 家股份制商业银行 39.80%，同比降低 5.05 个百分点，其中，4 家大型商业银行最低，仅为 34.98%，同比降低 0.99 个百分点，如附表 1、附图 1 所示。

附表 1　15 家商业银行成本收入比　　　　　　　　　单位：%

年度	15 家商业银行	4 家大型商业银行	11 家股份商业银行
2016	37.69	35.97	44.85
2017	36.01	34.98	39.80

在成本管理水平不断提高的前提下，两者差距显著缩小。股份制商业银行净营业收入增长速度高于营业支出增长速度 16.09 个百分点，其竞争能力与盈利水平显著改善，如附表 2、附图 2 所示。而 15 家商业银行和 4 家大型商业银行的经

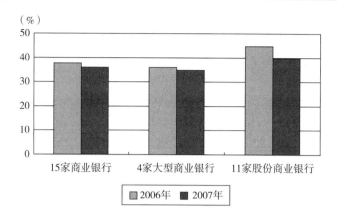

附图1　15家商业银行成本收入比

营业收入的增速也很高，而且其增速也大于净营业支出的增速，分别为6.18个百分点和3.69个百分点，但与股份制银行相差悬殊。

附表2　商业银行净营业收入、营业支出增速　　　　　　　　单位：%

项目	15家商业银行	4家大型商业银行	11家股份商业银行
净营业收入	42.19	38.67	56.89
营业支出	36.01	34.98	39.80

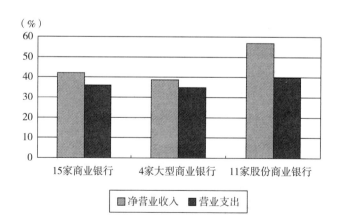

附图2　商业银行净营业收入、营业支出增速

其中营业支出包含营业费用、营业税金及附加和其他营业支出三项。

$$成本收入比 = \frac{营业支出 - 营业税金及附加}{手续费净收入 + 利息净收入 + 投资收益 + 投资收益 + 其他业务收入} \times 100\%$$

二、资本利润率

根据 11 家股份制商业银行与 4 家大型商业银行两个群组，附表 3、附图 3 显示了 15 家商业银行 2016～2017 年 ROE 每个细分项目的波动情况，表中数据与图中纵轴表示相应项目和 2016 年同期相比的变动幅度。其中显示，2017 年 11 家股份制银行与 4 家大型商业银行的风险收益率与边际利润率同比 2016 年均有所改善，而且财务杠杆与业务风险水平缩小。股份制商业银行的财务杠杆缩减幅度较大，边际利润率提高较快。

附表 3　15 家商业银行 ROE 分解项目波动情况　　　　单位：%

项目	15 家商业银行	4 家大型商业银行	11 家股份商业银行
边际利润率	1.58	0.27	7.41
风险收益率	0.99	0.99	1.11
风险水平	-0.36	-0.09	-1.65
财务杠杆	-1.76	-1.44	-5.76

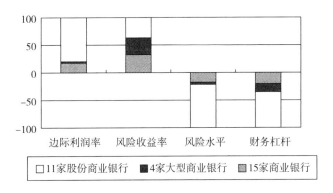

附图 3　15 家商业银行 ROE 分解项目波动情况

三、收入结构分析

商业银行的有价证券投资规模不断增加。其投资收益在资金交投活跃与银行间的市场利率提高的交互影响下快速提高（见附表4）。15家商业银行的投资收益全年提高31.30%，而11家股份制银行提高53.50%，4家大型商业银行也提高28.92%，前者投资收益占净营业收入的比重低于后者19.41%。商业银行手续费净收入在基金热销等因素刺激下增长较快。15家商业银行的手续费净收入同比提高113.95%，其中，11家股份制银行提高104.36%，4家大型商业银行提高115.83%。在中间业务领域，股份制银行发展步伐较快，而4家大型商业银行仍占有绝对市场地位。前者手续费净收入占净营业收入的比重，低于后者4.04%。

附表4　15家商业银行净营业收入构成

项目名称	年份	15家商业银行		11家股份商业银行		4家大型商业银行	
		2006	2007	2006	2007	2006	2007
余额（亿元）	净利息收入	3497.03	2624.50	3675.11	5004.56	872.53	1329.45
	手续费净收入	485.24	405.74	875.70	1038.17	79.50	162.47
	投资收益	2160.89	1951.30	2515.54	2837.25	209.59	321.72
	其他业务收入	−18.07	−41.13	−215.51	−170.54	23.06	44.98
	净营业收入	6125.09	4940.42	6850.84	8709.44	1184.68	1858.61
比例（%）	净利息收入	57.09	53.12	53.64	57.46	73.65	71.53
	手续费净收入	7.92	8.21	12.78	11.92	6.71	8.74
	投资收益	35.28	39.50	36.72	32.58	17.69	17.31
	其他业务收入	−0.29	−0.83	−3.14	−1.96	1.95	2.42
	净营业收入	100.00	100.00	100.00	100.00	100.00	100.00

后　记

　　这本书的问世，让我感触很多。19 年的生活学习及科研工作历历在目，既充实又幸福。这也是我生命中的宝贵财富！

　　本书能够圆满完成，首先要感谢谢非教授。谢非教授不仅思维敏锐、治学严谨，而且还为人师表、平易近人、受人尊重、诲人不倦，为我创造了一种很好的思想环境。此外，王教授的热心指导与不断鼓励是我顺利完成本书的强大精神动力，王教授的深邃智慧和高瞻远瞩引领我迈向新台阶。

　　同时还要感谢唐德祥教授、章晓英教授、高长元教授、綦良群教授、赵达薇教授等的悉心点拨，您们的宏观思维引领我跨越一道又一道壕沟。

　　另外要特别感谢唐俊、王珊珊、王雪原、林艳及武建龙等，是你们热情的帮助与莫大的支持让我对本书的完成信心十足。

　　我还要感谢我的家人对我的支持和生活上的关心！

　　本书是重庆理工大学 2019 年度高等教育研究项目（2019YB01）"基于'校企协同创新'的金融类专业人才培养机制研究"和重庆理工大学科研启动基金项目（2019ZD60）"经济下行压力加大条件下中国商业银行全过程信贷风险管理体系的构建"的部分成果。

秦江波